U0462230

炒股赚钱就两招

高竹楼 高海宁 田大荣◎著

海天出版社（中国·深圳）

图书在版编目(CIP)数据

炒股赚钱就两招 / 高竹楼，高海宁，田大荣著.
— 深圳：海天出版社，2016.3
ISBN 978-7-5507-1370-3

Ⅰ.①炒… Ⅱ.①高… ②高… ③田… Ⅲ.①股票
交易—基本知识 Ⅳ.①F830.91

中国版本图书馆CIP数据核字(2015)第094835号

炒股赚钱就两招
CHAOGU ZHUANQIAN JIU LIANGZHAO

出 品 人　聂雄前
责任编辑　陈　军　张绪华
责任技编　梁立新
封面设计　元明设计

出版发行　海天出版社
地　　址　深圳市彩田南路海天综合大厦　(518033)
网　　址　www.htph.com.cn
订购电话　0755-83460202(批发)　0755-83460293(邮购)
设计制作　深圳市龙墨文化传播有限公司 (0755-83461000)
印　　刷　深圳市希望印务有限公司
开　　本　787mm×1092mm　1/16
印　　张　16.75
字　　数　250千
版　　次　2016年3月第1版
印　　次　2016年5月第2次
定　　价　48.00元

海天版图书版权所有，侵权必究。
海天版图书凡有印装质量问题，请随时向承印厂调换。

两位笔者合影

笔者和上海滩网吴杰董事长合影

笔者父子参加上海理财博览会

笔者在中央电视台授课

笔者在北京参加
理财论坛

笔者在北京开办
股民培训班

笔者在上海电视台做节目

上海滩网聘请笔者为金牌投资顾问

笔者在上海滩网与网友们现场交流

笔者在南京电视台和主持人做节目

笔者和永丰私募南京站全体同仁合影

笔者和南京高科、华泰证券及永丰私募高层合影

笔者在南京举办股市沙龙

笔者受聘广州花城
商学院人生导师

笔者参加广州达而富集团三周年大会

笔者与广州花城商学院管理层在一起

笔者与演说家
陈安之合影

笔者与著名经济学
家贺强教授交流股
市规律

笔者与他的群友和粉丝

第三章
走向成熟篇

附　录

序

中国股市"最新"理论："汽车理论、市场理论及太阳理论"诞生了。

一部揭密股市规律的奇书！

一部股市务虚结合务实，理论贯串实战的教材！

让广大读者：一看就懂、一学就会、一用就灵！

适用于股市"新手、老手、高手"，是一本难得的炒股实战好教材！

"市场"是股市的一把万能钥匙，可以破解股市的疑难杂症；

请大家用动态的操作理念去分析股市。听市场话，跟趋势走！

因为大趋势就像一列火车，不管是小火车还是大火车，如果想在来路挡住它，那注定是要付出惨痛代价的；而如果顺势，即使上来得晚一点，至少也可以搭一段顺风车，而且还有足够的时间让你判断这个火车头是否已经停下来了（是准备返程还是需要维修保养暂且不论），这个时候你下车，至少心情是轻松的，旅途是愉快的。

当你一只脚刚刚迈入股市大门时，市场就是唯一的、一把能开启股市之门的金钥匙。从此，市场就是你的良师益友，并陪伴你在股海中航行。

笔者在股市中实战20年，总结了20年，也研究了20年，总结出以下的经验奉献给读者。

一、凡炒股者请你切记下面六条

1. 你可以什么都不懂，但你必须懂得股市是有规律的（如太阳出与太阳落）。

2. 你可以什么都不知道，但你必须知道只有上升趋势（太阳出）才能赚钱。

3. 你可以什么都不会看，但你必须学会看市场趋势图。

4. 你可以什么都不听，但你必须听市场的话，跟市场走！

5. 股市唯一能赚钱的方法：就是永远在上升趋势刚形成（太阳出）之后再进场！就是永远在下降趋势刚形成（太阳落）之后即退场！

6. 一般投资者一定要走在"趋势"的后面！

二、想在股市赚大钱者，必须做到以下四条

1. 学会放弃。在大趋势没有扭转前，要学习放弃一些没有把握的短期机会。

2. 学会寂寞。在大趋势没有扭转前，要学习空仓忍耐常人不能忍受的寂寞。

3. 学会买入。在大趋势形成的初期，要学习果断地买入市场中最强的股票。

4. 学会卖出。在大趋势见顶的初期，要学习果断地卖出你的股票坚决做空。

三、实战的投资者起码应做到以下八条

1. 一看牛熊，研判大势。

2. 二做波段，中线为主。

3. 三知头底，高抛低吸。

4. 四判趋势，顺势而为。

5. 说长做短，趋势明确。

6. 底是跌出来的，不是测出来的；顶是涨出来的，不是想出来的。

7. 技术分析"不是万能"的，没有技术分析、不重视技术分析是"万万不

能"的。

8. 铁律执行股市的"市场规律"：顺股市"规律"者——赢；逆股市"规律"者——输！

四、成功的投资者应做到以下五条

1. 首先交一些学费给庄家（赔钱）；

2. 然后开始思考（找到赔钱的原因——了解到"市场规律"的重要性）；

3. 继而领悟（找到正确的解决方法——要掌握、学习"市场规律"）；

4. 不断成长（学习解决问题的方法——要按"市场规律"办事）；

5. 迎来成熟（找到并学会解决问题的方法——铁律执行"市场规律"）。

直到把交给庄家的学费，从股市里要回来。只要你坚持下来，总有一天你会发现这过程虽然辛苦却是值得的。

炒股实质就两招，就是"趋势向上买"一招；"趋势向下卖"一招。也就是"两点一线"炒股盈利法。

笔者对"股市规律"的研究、发展、探索，能从千万人都懂、都精通的"三线一量"中寻找、发现"股市规律"，并应用在实践之中，实为不易。近期又不断完善与创新"汽车理论、市场理论及太阳理论"，并成为中国股市"汽车理论"发明人、中国股市"规律派"创始人、中国股市"市场理论"奠基人、中国股市"太阳理论"第一人、新中国"股市文化"传播第一人。

本人还总结出精典语言，中肯实在，对广大读者起警示作用。

> 一不学习问题多，二不总结走下坡；
>
> 三不听话永亏钱，四不服气输更多！
>
> 不交学费未见过，要想赚钱拜师父；
>
> 如果你还做不到，离开股市找归宿！

请广大读者牢记：离开毒品一辈子；离开股市一阵子！

牛市进场，熊市离场，天天有股者必输也！学会空仓才算高手！

遇到股市的难题，不要去问所谓的专家、名人，只要去问"市场"，市场会告诉你一切！

听市场话，跟市场走，通过无数事实证明，这是股市赚钱"唯一"正确之路！

2015年以后怎样操作？等你们看了《炒股赚钱就两招》这本实战教材后，你们会得到很大的收获。

引言

2015年惊心动魄的股灾启示

各位读者，在中国25年的股市中，你见过几次千股涨停？你又见过几次千股跌停？你还见过几次千股停牌？这样的股市奇观你一生能见几次？

2014年7月中旬，沪市股指在2000点左右，这时一波大牛市行情悄然开始。经过整整一年的震荡运行，底部不断抬高，2015年6月15日沪市股指冲高到5178点。谁也没有想到的是，2015年上半年的大头部来临，当绝大部分投资人都认为沪指要冲击6124高点或更高点时，沪指在18天之内，从5178点直线下跌1800多点，最低点是3373点，沪指跌幅为30%左右。这种跌法，在中国25年股市历史中，前所未有，震撼世界。管理层各有关部门，在20天内，均发表各种利好消息。上至李克强总理，下至管理层各有关部门，以及社会上的方方面面、大大小小的有关人物，经济学家及重量级人物，都在媒体和网络上发表各类文章，各种观点，甚至由公安部副部长孟庆丰带队进驻证监会，也没把这波下跌行情止住。

从2015年6月15日中国A股沪市大盘从5178点开始调整，至10月22日股市开启震荡下跌已整整130天。这130天中，无论是A股的走势，还是监管层的动作，都是前所未有的，令身处其中的投资者们终身难忘。现在，让笔者梳理一下，过去的这130天里究竟发生了什么？这段时间发生的种种，足以记入中国证券史。

在这130天内，值得关注的大事：

1. 沪市股指下跌了1820点，跌幅达35%左右。沪指最低点2850点，在2015年8月26日产生。

2. 沪市股指最大单日跌幅达8.49%。

3. 千股跌停达17次之多。

4. 单日交易量缩水达1.5万亿之多。

5. 两融余额缩水达1.4万亿之多。

在这130天内，管理层12个有关部门，共发出救市公告多次，达到了前所未有的程度：

1. 证监会达24次之多。

2. 证金公司达12次之多。

3. 中金所达6次之多。

4. 央行达5次之多。

5. 国务院达4次之多。

6. 财政部税务总局达3次之多。

7. 深交所达4次之多。

8. 上交所2次。

9. 银监会达4次之多。

10. 公安部2次。

11. 基金业协会1次。

12. 证券业协会1次。

管理层各有关部门，共计12个单位，在130天内，共计出手近70次救市，结果怎样？大家想一想，再回答这个问题。

在这130天内，有多少公司及个人被查？

被查者有证监会主席助理张育军（9月16日被查），以及中信证券部分高层领导等，共达205人之多。

被查的券商有华泰、中信、海通、方正、广发等5家大型券商。

被查的上市公司达73家之多，他们都有违规、违法之处。

被罚资金达20亿之多。

笔者整理后，择录部分重大事件，详情如下：

1. 2015年7月30日、8月1日，上交所分两批次点名、限制14家账户交易，深交所先后对存在重大异常交易行为的20家账户予以限制交易。其中，盈峰资本、盈融达两家旗下多个账户遭到上交所、深交所联合限制交易。

2. 2015年8月3日，上交所在盘中暂停了4个存在严重异常交易行为的证券账户交易，并对5个存在异常交易行为的证券账户做出了口头警示。它们被指利用资金优势，对市场价格造成严重干扰。截至2015年8月3日，共有34个账户被暂停交易。这34个账户中包括一家毫不起眼的公司：司度（上海）贸易有限公司。它引发关注主要是由于其股东背景的强大，国际知名对冲基金和中信证券旗下公司中信联创为公司主要股东。因此，伴随着证券账户被限制交易，市场也传出中信证券联手国际对冲基金做空A股的声音。

3. 2015年8月7日，中国证监会投资者保护局原局长李量被"双开"。

4. 2015年8月14日证监会通报称，近期证监会对两起证券公司保荐代表人违法入股案件做出行政处罚决定。

5. 2015年8月24日公安部网站挂出消息，决定从即日起至11月底，在全国范围组织开展打击地下钱庄集中统一行动。截至目前，公安机关捣毁地下钱庄窝点66个，抓获犯罪嫌疑人160余名，涉案金额达4300余亿元人民币。

6. 2015年8月25日晚间，海通证券、广发证券、华泰证券、方正证券分别发布公告称，收到证监会调查通知书，因涉嫌未按规定审查、了解客户身份等违法违规行为等，这4家券商已被证监会立案调查。当晚又有媒体报道，中国证监会工作人员刘某及离职人员欧阳某涉嫌内幕交易、伪造公文印章等，被公安机关要求协助调查。同时被要求协助调查的还包括中信证券股份有限公司徐某等8人，以及《财经》杂志社王某等人。前述徐某等8人涉嫌违法从事证券交易活动，《财经》杂志社王某则涉嫌伙同他人编造并传播证券、期货交易虚假信息。

7. 2015年8月28日，证监会主席肖钢集体约谈19家会管单位党委书记和纪委书记。肖钢要求会管单位要严格规范权力运行，把权力关进纪律的笼子里，时刻牢记纪律要求，坚守底线，不触碰红线。肖钢所言，明显有所指向。

8. 2015年8月28日，证监会新闻发言人张晓军表示，证监会近期向公安部集中移送22起涉嫌犯罪案件，2015年以来证监会已经正式启动刑事移送案件48起。

9. 2015年8月31日凌晨，备受关注的中信证券、《财经》杂志社、中国证监会有关人员被公安机关要求协助调查一事又有最新进展。相关人员已于8月30日被依法采取刑事强制措施。最新镜头是，被请进去的昔日中国财经界"最牛三人"已经认罪。中国最牛证券公司、最牛财经媒体以及最牛监管机构同时中招，剧情激烈程度超出想象，但这也恐怕只是冰山一角。

10. 2015年9月1日最新消息，据彭博援引知情人士称，全球最大上市对冲基金英仕曼集团中国区主席李亦非被中国警方带走协助调查，调查与近期证券市场的大幅波动相关。

另具有关权威部门统计报道：管理层各部门，救市金牌如下：

第一道金牌（6月27日）：央行降息0.25个百分点并定向降准。

第二道金牌（6月29日）：中国证券金融公司罕见盘中答问：强制平仓规模很小。

第三道金牌（6月29日）：养老金投资办法征求意见，投资股票比例不超30%。

第四道金牌（6月29日）：证监会发文称回调过快不利于股市的平稳健康发展。

第五道金牌（6月30日）：基金业协会倡议不要盲目踩踏。

第六道金牌（6月30日）：证券业协会就场外配资情况答问：强制平仓影响小。

第七道金牌（7月1日）：中金所称QFII与RQFII做空A股传闻不实。

第八道金牌（7月1日）：证监会进一步拓宽券商融资渠道。

第九道金牌（7月1日）：两融允许展期担保物违约可不强平。

第十道金牌（7月1日）：沪深交易所调降交易结算费用三成。

第十一道金牌（7月2日）证监会：对涉嫌市场操纵行为进行专项核查。

第十二道金牌（7月2日）李克强：培育公开透明长期稳定健康发展的资本市场。

第十三道金牌（7月3日）：四大蓝筹ETF四天净申购395亿元，汇金出手护盘已获确认。

第十四道金牌（7月3日）证监会：将相应减少IPO发行家数和筹资金额。

第十五道金牌（7月3日）证监会：证金公司将大幅增资扩股维护资本市场稳定。

第十六道金牌（7月3日）证监会：QFII额度将从800亿美元增加到1500亿美元。

第十七道金牌（7月3日）证监会：将严打造谣传谣行为，已集中部署三起案件。

第十八道金牌（7月4日）21家券商联合公告：至少出资1200亿元购蓝筹ETF。

第十九道金牌（7月4日）25家基金会议纪要：高管积极申购偏股型基金。

第二十道金牌（7月5日）：央行协助提供流动性证金公司融资可达万亿元。

第二十一道金牌（7月6日）中金所：中证500期指客户日内单向开仓量限为1200手。

第二十二道金牌（7月8日）证监会：证金公司将加大对中小市值股票购买力度。

第二十三道金牌（7月8日）央行：关于支持股票市场稳定发展声明。

第二十四道金牌（7月8日）证监会：支持上市公司控股股东增持，稳定股价。

第二十五道金牌（7月8日）：证金公司向21家券商提供2600亿元信用额度。

第二十六道金牌（7月8日）：保监会提高保险资金投资蓝筹股票监管比例。

第二十七道金牌（7月8日）：国资委要求央企在股市异动期间不得减持。

第二十八道金牌（7月8日）：证监会严控产业资本减持，大股东6个月内不得减持。

第二十九道金牌（7月9日）证监会：证金公司提供充裕资金用于申购公募基金。

第三十道金牌（7月9日）：央行已向证金公司提供充足再贷款。

第三十一道金牌（7月9日）：银监会支持股市稳定，允许对过期股票质押展期。

第三十二道金牌（7月9日）保监会：保险资管产品不得单方要求券商提前

还款。

第三十三道金牌（7月9日）：国务院要求今起每天报送国企二级市场增持情况。

第三十四道金牌（10月23日）：央行再次双降。

谈到"政策救市"这个话题，笔者统计过，连这次救市，大大小小共计14次。第一次救市是在1991年9月份，深圳市政府动用两亿资金救深发展000001（现平安银行），详情可见笔者《看对趋势操对盘》一书。但是这次，救市力度之大，人力财力之多，令人无法想象。

自打中国股市成立之后，用政策救市，这声音就从未消失过，可无论是散户还是管理层就是不长记性，在新中国股市成立25年中，几乎年年一小救，数年一大救，但哪一年他们救市成功过？成功案例不多，失败太多。

救一回市，大家热血沸腾一回，奋不顾身抢反弹一回，被套一回，接着，就加入了呼唤救市的大军，呐喊着，希望把下一波老实人圈进来解救大家！

在一定意义上说，管理层的救市救得了一时，救不了永远，市场还是需要更完善的制度和体制，这些才是救市的良方。对于股指期货要尽快出台对冲机制，否则股市的暴涨暴跌将会成常态。

可能很多投资者都无法理解，从2015年6月中旬到10下旬，四个多月的时间里，市场怎么就出现如此大的转折？

比指数跌幅更严重的是，本轮股灾经历了三次大暴跌：

1. 从6月15日的5178点至7月9日的3373点，只用了18个交易日，就暴跌34.9%；

2. 从7月24日的4184点至7月27日的3537点，只用了2个交易日，就暴跌15.47%；

3. 从8月18日的4006点至8月26日的2850点，只用了6个交易日，就暴跌28.9%。

三轮暴跌中，共有17次出现了千股跌停的惨烈状况。几乎所有的投资者，不是在第一轮暴跌中受损，就是在第二轮或第三轮暴跌中蒙难。有的人输在牛市中，有的人是输在熊市中，有的人则输在救市中（过早抄底）。

在刺破资金杠杆的泡泡之后，似乎所有不好的事情都赶在了一起，PPI继续下行、人民币闪电贬值、国际热钱加速流出、经济出现明显的通缩迹象等等，所有这些问题其实原本都存在，只不过说在市场暴跌之后，它所带来的影响被放大了。其实就现在市场来说，最令人揪心的不是这些宏观面上的种种问题，而是在"市场信心"涣散之后，不仅是场外的资金不愿意再进来了，就连场内的资金也要么在想着怎么保存胜利果实，要么在想着怎么减少损失。要用什么样的办法来化解？目前来看，好像谁都给不了有效的答案。

所以回到二级市场上来，就短线指数而言，笔者依然倾向于形成箱体震荡走势，3000点—4000点是目前多空双方都乐于见到的平衡。而就热点来看，以目前投资者的心态，很难形成持续的热点，有的也只是短线题材性的炒作，比如前期的国资改革、证金增持、大股东增持以及中报高送转等概念股。

当前，大多数中小股民或多或少存有理想色彩：认为"国家队"花费真金白银救市，"管理层"屡屡发声力挺股市，股价就一定会一路走高。抱有这种幻想显然不切实际，是一种糊涂认识。

"国家队"用真金白银救市目的是"维持市场稳定"，重塑比金子还金贵的"信心"，让市场逐步回归理性，而不是"抬高股价"，如果人为推高股市，将会引发新一轮非理性暴涨。但市场有市场的铁定法则和规律，一些垃圾股泡沫化严重而没有业绩支撑的股票，"国家队"是绝对不会触碰的。因此，下阶段随着价值投资、长期投资理念理性回归，必然会出现"个股"严重分化局面，讲故事、谈"股"论"金"的假把式将会逐渐远离市场。

总而言之，未来一段时间的市场可能需要我们给予更多的信心和耐心。中国需要保持一个强大的股市，让实体经济通过股权资本市场而不是发行新债筹集资金，更要着重减少实体经济对"间接融资"的依赖。但救市又是有规律可循的，既不能操之过急，滋生盲目情绪，也不能过于悲观，产生无所作为的思想。管理层需要抓住主要救市矛盾，因势利导，才能达到救市既定目标。

第一章

最新投资理念篇

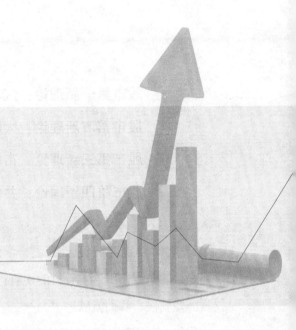

股市第一新理论：汽车理论及汽车操作法。

股市第二新理论：太阳理论及太阳操作法。

股市第三新理论：市场理论及市场操作法。

股市第四新理论：共振理论及共振操作法。

让广大有缘读者一看就懂，一学便会。把以前在股市中损失的金钱尽量赚回来，才是我们出这本教材的初衷；让有缘读者按上面最新股市操作方法去投资能赚到钱，我们就欣慰了。

你知道什么？你想知道什么？根据中国股市25年的运行，找出其中的运行规律：你能做到是赢家，做不到是输家！

炒股要有"趋势第一，买卖第二"的操作理念，按"汽车理论"的"红灯停（卖股）、绿灯行（买股）"的操盘手法，才能在股市中生存，永远"走在趋势"之后，按股市的"市场规律"办事，才能真正成为股市的大赢家。

第一节　股市第一全新理论：汽车理论及汽车操作法

开汽车和炒股，是两件风马牛不相及的事。

开汽车和炒股有关系吗？问一问炒股者十有八九而不知，问谁，谁也说不清道不明。

下面请听笔者慢慢道来：

凡会开车的朋友都知道，开车的基本步骤是：当"绿灯"亮时发动起步，换挡加油门，车子缓缓向前，由低速挡换高速挡，然后保持中、高速运行，当发现"黄灯"亮时，驾驶员必须果断"点刹"减速，当"红灯"亮时，驾驶员必须果断"踩"刹车，立即停车。当绿灯再次亮起时，你再按上述步骤周而复始，有"规律"地运行下去，只要你能按上述方法去开车，你就是一个合格的驾驶员。前提是，你先必须去正规驾校培训两到三个月后，经过考试合格后拿到驾照方能上路开车。如果没有经过正规驾校培训，你就去开车上路，社会上把这类开车人叫作"马路杀手"，后果可想而知。

下面笔者再说一说炒股的步骤：

经过多方面的考虑，研究政策面、听消息、别人推荐、看报纸、研究技术面、看各种技术指标……然后决定"买入"股票（等于绿灯亮起）。买入后持股待涨或加仓买入（等于低速挡换高速挡），当政策或技术指标出现某种信号时，你准备"减仓"（等于黄灯亮起），当政策发生重大利空或技术指标发生严重背离时（等于红灯亮起），你"空仓"出局，然后你再等下一次各种政策、技术信号，你再一次进场买股票……周而复始，如此循环，你说对吗？

所以说，股市中又多了一种理论："汽车理论"诞生了。

经笔者这样一介绍，开汽车的操作过程是不是等同于炒股操作过程？故笔者得出以下结论：

炒股如同开汽车，先来培训后开车，未经培训就开车，不是撞人就撞车！

炒股如同把车开，靠右行驶守规则，如果你把方向错，见到股市要离开。

当你学会开车后，每当开车时，必须要做到如下几条：

遇到红灯停，遇到绿灯行，黄灯准备停，请你要执行。

如果不执行，事故找上你，按交规开车，安全万里行。

前车停，你也停，前车行，你也行，请你要执行！做到这一条，永远安全行。

如你学会如何炒股，必须要做到如下几条：

炒股就要简单化，一定要听市场话；如果你还不赚钱，说明不听市场话。

炒股要听市场话，走到哪里都不怕；投资跟着市场走，金钱很快赚到手。

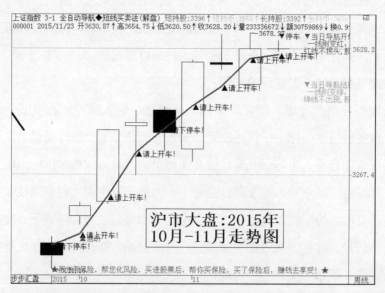

图1-1　沪市大盘：周K线，2015年10月8日至2015年11月23日，汽车操作法，大盘走势图

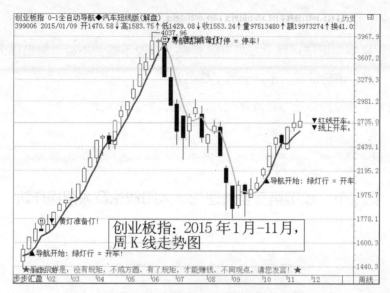

图1-2 创业板指：2015年1月至2015年11月周K线，汽车操作法，大盘走势图

请大家把以上两图对比后，用"汽车理论"及"汽车操作法"检验，你发现了什么？你看到什么？

下面再解析一下开车人与乘车人。

问：你想去某地，有多辆车在外等候，你想当开车人？还是想做乘车人？

答：对有驾照者而言98%以上都会选择自己开车，只有2%因种种原因会选择乘车。对无驾驶执照者而言，会有两种选择。一种人会想，这次只能选择当乘车人，明天就去报名考驾照，学会后，自己开车。另一种人，仍旧会选择永远当乘车人。

对于想考驾照者，首先交3000-4000元学习费，后经过驾校两到三个月的培训，经考试合格后拿到驾照，想开就开，想停就停，自由自在地享受开车之快乐，去哪里主动权自己掌握。

无驾照者想开车，又不敢开，靠自己三脚猫的功夫去开车，结果是事故频出，伤人、伤车、伤自己，真是风险无处不在。

有人想自己开车却舍不得交培训费，那只能去乘车。更有甚者，有的连车票都不愿买，自己一点主动权都没有。上了车后，自己没有一点主动权，司机停车他才能下车, 有时自己下了车, 一看发现没有到目的地, 结果……

请大家牢牢记住: 世上万事有舍有得, 炒股不能舍不得。如果以上两种人都去炒股, 谁输谁赢, 不是一目了然吗?

问一下各位, 你是愿意做开车人, 还是只做乘车人?

第二节　股市第二全新理论: 太阳理论及太阳操作法

> 太阳理论行天下, 告诉大家不要怕,
>
> 要想股市把钱赚, 必须要听市场话。
>
> 太阳理论天下行, 你赢我赢大家赢,
>
> 如果还是不赚钱, 太阳理论要执行!

太阳理论核心——炒股就两招: "日出买和日落抛! "

太阳, 天下人都知道, 万物生长靠太阳, 这句话就说明太阳对人类的重要性、必要性。可以说, 有了太阳才有人类, 才有万物。

人类就因为有了太阳的存在, 才按照太阳的升起和太阳的落山而做出生活上合理的安排——"日出而作, 日落而息"。

太阳的运行是有规律的, 是永恒的。那么把这个规律用在股市是否适用? 我们通过几年的研究和分析, 认为太阳理论完全可以用在股市中。股市也是有规律的, 而且是和太阳的运行规律几乎一样, 只是股市涨跌的时间周期有时是不对称的。股票的日出和日落有短线、中线、长线之分。我们通过高科技手段, 把我们的研究成果编程到大趋势"导航仪"软件中, 有关政策面的消息和技术分析都通过软件自动反映到"导航仪"软件的市场走势图中, 让软件使用者炒股时按"市场指令"去买卖。该软件经过我们16年的不断研究、改进, 再研究、再改进, 现已定型。

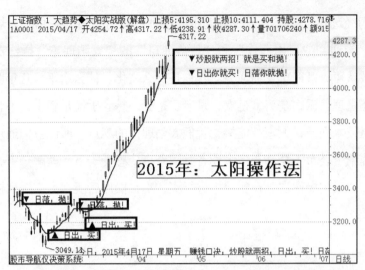

图1-3 2015年上证指数日K线："太阳操作法"实战图

图1-3说明：上证指数2015年1月28日日K线，盘中自动出现"日落：抛"文字指令，股指开始下跌，在2月11日，盘中自动出现"日出：买"文字指令，股指开始上涨。在3月4日，盘中自动出现"日落：抛"文字指令，股指开始下跌，直至2015年3月17日止。说明2015年上半年行情未结束，按"太阳操作法"文字指令操作，你会不赚钱吗？

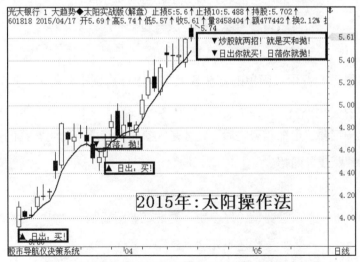

图1-4 2015年光大银行日K线："太阳操作法"实战图

图1-4说明：2015年光大银行日K线，在3月9日盘中自动出现"日出：买"文字指令，股价开始上涨。在3月25日起盘中自动出现"日落：抛"文字指令止，股价开始下跌。在3月27日盘中自动出现"日出：买"文字指令，股价开始上涨，至4月17日止。说明2015年上半年行情未结束。按照"太阳操作法"文字指令，如果你能按图操作，你会不赚钱吗？

我们经过几次和广大炒股者近距离接触，又用太阳理论和广大炒股者进行交流、沟通，"日出而作"和"日落而息"的"太阳理论"操作法得到大家的一致认可，既简单又易懂，不管你是什么文化、什么水平、几年股龄，是实践派还是理论派，是男、是女，是老、是少，是老手还是新手，不管是基本面派还是技术面派，大家都能接受我们太阳理论的观点，所以我们通过文字把"太阳理论"公布于众，与广大读者共同分享，感受一下、理解一下、验证一下。按照"太阳操作法"在实战中进行买、卖，操作后能帮大家赚到钱，我们就欣慰了。

第三节　股市第三全新理论：趋势理论及趋势操作法

> 大趋势能赚大钱，小趋势只赚小钱，
> 没有趋势怎么办？没有趋势不赚钱。

在这里，笔者用最简单的方法教大家，怎样识别上升趋势，股市实质就是"大趋势"赚大钱，"小趋势"赚小钱，"没有趋势"不赚钱。难道不是吗？而且一定要"走在趋势之后"，才是大赢家！难道不对吗？我们在这里教有缘读者"赚钱"两招。

> 趋势理论是个宝，看准就要跟着跑，
> 如果你还不知道，想赚钱要快快找。
> 趋势赚钱最可靠，看你知道不知道，
> 如不知道怎么办？请你耐心去寻找。

"趋势"是技术分析的核心。技术派研究股价"走势图"的全部意义，就是要在一种"趋势"发生或转折的早期，及时准确地把它揭示出来，从而达到顺势交易的目的。

为什么股价会以"趋势方式"演变呢？技术派认为，这当然是牛顿惯性定律的应用。为什么股价涨高了之后会转势下跌呢？这叫物极必反。

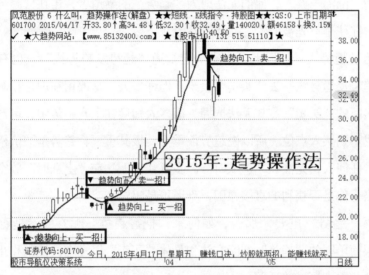

图1-5　深市风范股份（601700）日K线，"趋势操作法"实战图

图1-5说明：风范股份（601700）日K线，该股从2015年起盘中自动出现"趋势向上：买一招"文字指令，股价开始上涨至3月10日盘中自动出现"趋势向下：卖一招"文字指令，股价开始下跌至3月15日。从2015年3月16日起盘中自动出现"趋势向上：买一招"文字指令，股价开始上涨，至4月16日盘中自动出现"趋势向下：卖一招"文字指令。如果你能按指令操作，你会不赚钱吗？

注：大盘此时段连涨三天，该股却连跌三天。

那么趋势是什么？我们认为，趋势在市场中的表现，就是大众的合力导致一段时间内不可抗拒的"发展"方向。许多人希望了解的是"趋势"是如何产生的。

政策、经济、企业的发展变化，投资大众的心理"趋向"都可能导致趋势的产生与发展，"趋势"有大小之分，大则数年数十年，小则数日，更小的趋势则没有研究的必要。虽然许多人喜欢用5分钟K线数浪，但是关注过于细小的东西，容易忽略更大的趋势。

大多数人关注的是"趋势"的开始与结束，但是我认为更重要的是关注"趋势"的确认与延续，也就是说减少走到"趋势前面"的冲动，跟随"趋势"，服从"趋势"，这样才能长期稳定地获利。大多数投资者相对于"市场"可谓"沧海一粟"，他们无法成为"趋势"的缔造者，走在"趋势"前面的结果，往往是首先被旧的"趋势"吞没。

趋势及趋势线：炒股者，大家一定知道"趋势及趋势线"，也有很多人按照"趋势及趋势线"去"买卖"股票。但许多人只是停留在理论和画趋势线上，对实际的"买卖"点却无法把握。很多人知道在上升趋势中，可是却想不到买，找不到买入点位。所以说趋势很重要，极其重要！趋势是"价格"的直接表现，任何人，无法在"下跌时"做多赚钱；无法在"上涨时"放空获利。因为价格是你是否获利的直接原因，难道不是吗？

既然"趋势"重要，那么，如何来"把握趋势"呢？或者是否有一种"很好很简单"的"趋势"判断方法和具体"买卖"以及仓位控制和止损呢？这是需要和大家探讨的话题。

高老师股市经典总结：

趋势向上你就买，趋势向下你就卖，
多头买来空头卖，其他形态就等待。
每年都有行情来，该买则买卖则卖，
趋势中段要等待，赚钱就靠买和卖！

日出而作日落息，股市有涨就有跌；
两者看来不相干，实际原理是一样。
日落而买日出卖，手中股票不可爱；
你把方向做反了，你能赚钱算能耐。

第四节　股市第四全新理论：共振理论及共振操作法

不可不学的"共振理论"

股市"涨跌"有规律可循，而且涨有涨的规律，跌有跌的规律。

> 共振理论是个宝，共振理论不能少，
>
> 上升共振就满仓，向下共振就逃跑！

一、利用共振原理，找到股票"涨跌理论依据"

1997年，自从发现了"股市规律"后，笔者便不停地将自己的观点阐述给有关"高层领导"以及众多散户股民。同时，笔者还向中国证监会"机构监管部"以及中国证监会"政策研究室"，去信阐述自己的观点。这项工作，从1998年开始至2002年就没有中断过。

发现股市波动"运行规律"虽说偶然，但不可否认这是个有"价值"的发现。笔者跟许多人交流过，但当时人们似乎并不太理会。甚至大多数人认同"中国股市杂乱无章，无规律可言"的观点，我觉得这是不客观的。

同时，中国股市又倾向于"政策市"，如果在推出某一个政策时（不论是利好还是宏观调控）能够考虑到股市自身的发展规律，则能够起到事半功倍的效果。这不也是对中国股市的一种贡献吗？如2004年2月初"国九条"的公告，2006年1月初"五部委"的联合公告，在一段时间内，都能够起到"事半功倍"的效果。事实证明，2005年12月上旬至2007年10月中旬，一波"大牛市"形成了。2014年7月中旬起，又一波"大牛市"形成了。

笔者的声音终于被"管理层"有关人员听到了。记得1998年11月的一天下午3时，我接到了一个北京的长途，中国证监会的工作人员给我打来电话，他告诉我，寄给中国证监会有关领导的信函及书收到了，有关人士看后认为有道理，并说，他也是研究"股市规律"的，但至今没有找到，并认为笔者的"股市规律"之说，只是发现了它的现象，是表面的，能否找到它的"理论"根据？就像"潮水的涨落"受制于地球引力一样，股市的"运行规律"也应当有它的内在动力。

一语惊醒梦中人。是啊，只有现象而不知根本，这种说服力显然是不强的。然而，就像人人都知道的1+1=2，而为什么1+1必须等于2，这个问题让陈景润研究了一辈子。"股市规律"的原理何在，这是个任重而道远的问题。

不过，笔者当即回答他说，你放心，我一定会尽快找出它的"理论"根据！

此后的一段时间，用一句话概括：我像祥林嫂寻找她失去的孩子一样，见谁都问"股市规律"在哪里。笔者寻问过老股友陆祖平，寻问过某证券公司老总蔡秋林，与当时南京经济学院证券期货研究所的有关教授、学者进行交流探讨，但没有人说出个所以然来。有人对笔者说：看来，这个问题还需要你自己解决，因为这"规律"是你发现的呀。靠人不如靠己，我翻阅大量的资料，更加仔细研究"各种软件及其指标"，然而那"规律"的"理论根据"仍如水中月、镜中花一样让我摸不着、看不明。

在此期间，笔者频繁地参加各种股市讲座，有时听别人讲，有时则自己主讲，以期能得到"灵感"。一天，笔者得知消息说，钱龙软件的创始人丘一平先生将受邀在南京的河海会堂讲课，笔者欣喜地赶去听课。要知道，丘一平先生可是笔者佩服的人之一。

这堂课笔者听得格外仔细，笔记也记得格外详细。丘一平先生在讲到指标时，不经意地提到"能量"两个字。"能量"，笔者只觉得心灵深处的一种东西被唤醒了，是啊，笔者日思夜想，千呼万唤的"规律"理论，不是正体现在"能量"之中吗？

回到家，笔者紧闭房门苦思冥想，又找出有关书籍认真查阅，再与儿子一起探讨。渐渐地，一个闪烁着阳光的七彩通道在笔者面前打开了，迈进去，笔者就接近了股市规律的本质。

应该说，受"能量"的启发，笔者实现了从现象到本质，从实践到理论的升华，是一种"质"的飞跃！

股票一个周期"涨与跌"的过程（现象），从物理学的量子力学理论而言，这个过程就是"力的上升到下降"的过程，也是量能的"聚集到释放"的过程。最后总结：股票一个周期"涨与跌"的过程，就是量能的"聚集—上升"，然后"释放—下降"。

为什么说股票走势形成"一招定乾坤"（又称"亮剑战法"）技术组合时是一个"最佳买入"时机？

首先分析一下"最佳入市"时机是怎样形成的。

因为笔者所用的"四大技术指标系统"中的各种平均值、平均价、平均线，是根据K线理论、形态理论、波浪理论及道琼斯理论而产生的。

1. 5日平均线上升，说明市场5日之内成本价在上升。5日平均线（股价）超过10日平均线，说明10日平均价也在上升，5日平均线（股价）与10日平均线（股价）向30日平均线（股价）推进，并超过30日平均线（股价），说明30日平均价也在上升，由于市场上的成本价越来越高，势必造成对股指（股价）的支持，会进一步推动股指（股价）的上涨。

2. 均价系统、均量系统、KDJ系统也有类似的情况发生，这里不再阐述。以上是"上涨"的原理。

3. 下面说说量能的释放：

先阐述一下股票一个周期的下跌，与理论上量能的"下降与释放"的关系。

当量能越积越多，力量越来越大，把股指（股价）推向另一个高度，物极必反。当量能、力量到了一个周期的"顶部"便要开始释放，这时的力量会随着量能的释放而下降，股指（股价）也会随着下降。

从现象看，股指（股价）下跌，不需要"成交量"的配合是一样的。

从现象看，均价线、均量线、KDJ、MACD四大系统均立即做出反应。

（1）均价线系统中的5日均线也会出现走平向下调头的迹象，向10日均价线靠拢。

（2）K线图形也会在相对高位出现大阴线、阴十字星、阳十字星、长十字星、吊顶、射击之星等变盘信号。

（3）成交量系统中的5日均量线会走平或调头向下靠拢10日均量线，成交量有可能放大，也可能缩小。

（4）MACD的红柱线会缩短或DIFF趋势线又向下拐头。

（5）从KDJ系统短线指标看，K值、D值均会走平或向下调头。J值也会从钝化（超过100）快速向下调头。

以上的"解盘"对一般初学者和水平没有达到一定程度的读者来讲，仍会是一头雾水或看不明白。所以本人为了使一般的投资者和初学者更加明白，加深了解，经过几年的探索、研究和创新，和我儿子一起研创了"一秒判势"软件及"大趋势"软件。像以上这些问题反映在"大趋势"软件上就很简单了，只看线段是红色还是绿色，再加上各种文字提示，即可按各种文字指令操作就可赚钱。后面我会一一介绍的。

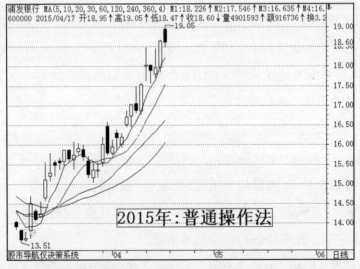

图1-6　图所示，浦发银行（600000）：让一般初学者，像看天书一样，无法理解何时买卖

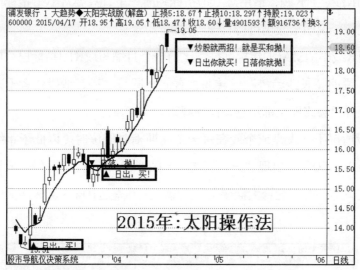

浦发银行 1 大趋势◆太阳实战版(解盘) 止损5:18.67↑止损10:18.297↑持股:19.023↑
600000 2015/04/17 开18.95↑高19.05↑低18.60↓量4901593↑额916736↑换3.2
—19.05

▼炒股就两招！就是买和抛！
▼日出你就买！日落你就抛！

▲ 日出，买！

2015年：太阳操作法

▲ 日出，买！

股市导航仪决策系统

图1-7　图所示：让一般初学者，按文字指令买卖，一看就懂，一学就会

因为MACD系统是中长线指标之一。大盘或个股的走势在一个周期内与MACD系统紧密相关，不可分割，对大盘或个股的"涨与跌"起决定性作用。

笔者认为：能把MACD系统理论研究透了，也可以说把中国的股市研究透了。大盘或个股、主力、庄家短则经过4—6天（周、月）的拉升，长则经过8—14天（周、月）的拉升，主力、庄家必须要休整一下。有的主力庄家做一波就回头调整，股价从起点拉升后又回到起点（下降趋势中出现较多）。用其他的技术指标去判断很难做到"可靠性、准确性及正确性"兼备。

从现象看：当日K线、MACD系统中的红色柱状线（主力、庄家已把股指、股价拉升了数日）比前一日缩短，说明短期内趋势将转弱，大盘或个股将要出现向下调整。如果在周K线中的MACD的红柱线比前一周继续放长，说明大盘或个股的短期"回调"不会太深，中线向好，经过数日调整，大盘或个股还会创前期新高。如果周K线MACD的红柱线比前一周缩短（主力、庄家已把股指、股价拉升了数周），说明大盘或个股"中期趋势"将转弱，中期调整开始。同理，在月K线中MACD的红柱线比前一月继续放长，说明大盘或个股的中期调整不会太深。经过数周调整，大盘或个股还会创前期新高。如有的次新股没有周K线、月K线，请用MACD指标判断一下，只要MACD指标呈多头排列向上之势，说明个股仍可持有一段时期。

如月K线中的MACD指标红柱线比前一个月缩短或KDJ指标已有向下调头的迹象，说明"长线趋势"已转弱，有向下调整之势，请投资者千万不要犹豫，找反弹机会立即全部清仓，离场观望。

一般情况下，大盘或个股在每一个周期相对低位时（以低于年线、半年线为标准），60分时出现"一招定乾坤"图形，日K线、周K线一般均会出现"一招定乾坤"图形配合大盘或个股上涨，上升率达10%~50%甚至更高。

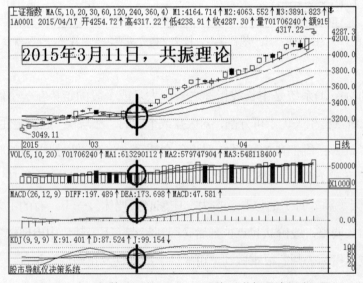

图1-8　上证指数2015年3月11日日K线 "共振理论"验证图

图1-8说明：上证指数2015年3月11日，日K线出现了"一招定乾坤" 共振图形，股指出现一波"上涨行情"，有朋友会说这种现象是巧合。是巧合吗？不是，绝对不是！这就是股市自身运行的"内在规律"，是不可抗拒的"共振理论"！

大盘A股有共振理论存在，个股是否也有这样的现象存在呢？那么B股、基金、权证它们也有共振理论存在吗？下面请大家再验证一下吧。

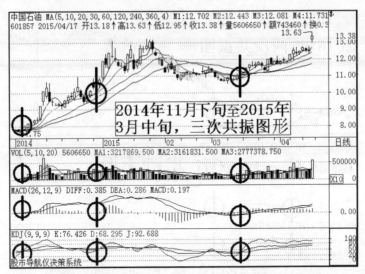

图1-9 中石油（601857）日K线 "三次共振理论" 验证图

图1-9说明：中石油（601857）在2014年11月26日、2014年12月30日、 2015年3月13日，日K线均出现了"一招定乾坤" 共振图形，股价都有一波"上涨行情"。

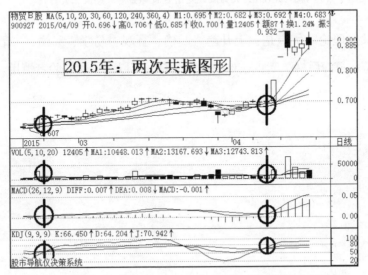

图1-10 物贸B股（900927）2015年日K线 "共振理论" 验证图

图1-10说明：物贸B股（900921）在2015年2月26日、4月09日，日K线均发生了"一招定乾坤" 共振图形，股价都有一波"上涨行情"。

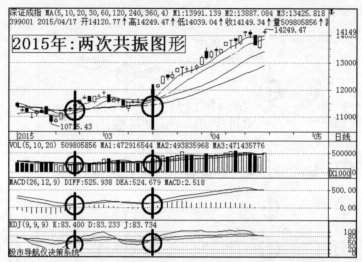

图1-11　深证成指日K线，按"共振理论"操作能赚钱

图1-11说明：2015年2月13日、3月16日，深证成指的均线系统两次"5日均线上穿10日均线"发生金叉，同时，均量线的"5日均量上穿10日均量线"发生金叉。同日"MACD上穿DIF"，"KDJ"也发生金叉。以上四种普通指标，在同一日、同一周或同一月发生金叉，不管是大盘还是个股，A股还是B股，大盘股还是小盘股都会形成一波上升行情。

"共振理论"优点是：上升趋势明确、直观、易学、易懂，一看就会。

其缺点是：有滞后性，卖点较难把握，没有三年以上炒股经验者慎用。

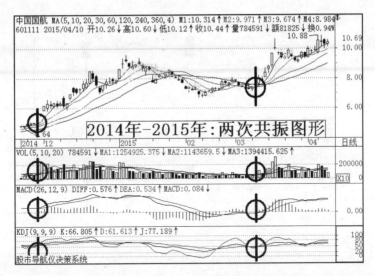

图1-12　大盘股，中国国航（601111）日K线，按"共振理论"操作能赚钱

图1-12说明：大盘股中国国航（601111）日K线在2014年11月27日、2015年3月10日，均线系统两次"5日均线上穿10日均线"发生金叉，同时，均量线的"5日均量上穿10日均量线"发生金叉，"MACD上穿DIF"发生金叉，"KDJ"也发生金叉。以上四种普通指标，在同一日、同一周或同一月发生金叉，股价上涨。

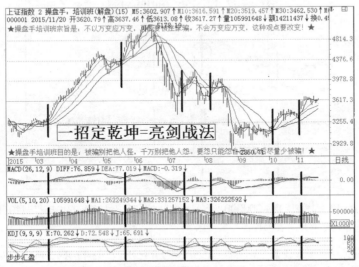

图1-13　沪市大盘，日K线：2015年3月-11月下旬"共振理论"实战图

图1-13说明：沪市大盘，在2015年3月11日、5月21日、7月16日、8月6日、9月10日、11月4日，日K线均发生了"一招定乾坤"共振图形，股指都有一波"上涨行情"，不管牛市还是熊市。有朋友会说这种现象是巧合。是巧合吗？不是，绝对不是！这就是股市自身运行的"内在规律"，是不可抗拒的"共振理论"！

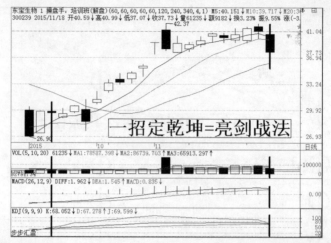

图1-14　东宝生物（300239），日K线：2015年9月22日 "共振理论"实战图

　　图1-14说明：东宝生物（300239），在2015年9月22日，日K线发生了"一招定乾坤" 共振图形，股价都有一波"上涨行情"，不管牛市还是熊市。有朋友会说这种现象是巧合。是巧合吗？不是，绝对不是！这就是股市自身运行的"内在规律"，是不可抗拒的"共振理论"！

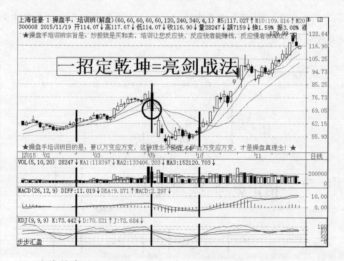

图1-15　上海佳豪（300008），日K线：2015年2月16日、2015年6月9日
　　　　两次"共振理论"实战图

　　图1-15说明：上海佳豪（300008）在2015年2月16日、2015年6月9日两次出现"共振理论"，日K线发生了"一招定乾坤" 共振图形，股价都有一波"上涨行情"，不管牛市还是熊市。有朋友会说这种现象是巧合，是巧合吗？不是，绝对不是！这就是股市自身运行的"内在规律"，是不可抗拒的"共振理论"！

　　注：图中有圆圈标注图是一式见分晓=卖出。

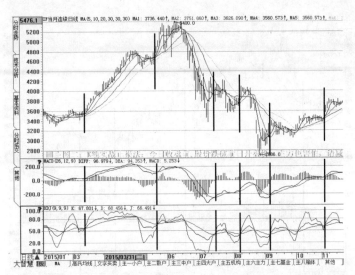

图1-16 股指期货，日K线：2015年3月－11月下旬"共振理论"做多实战图

图1-16说明：股指期货，在2015年3月11日、5月21日、7月16日、8月6日、9月10日、11月4日，日K线均发生了"一招定乾坤" 共振图形，股指都有一波"做多行情"，不管牛市还是熊市。有朋友会说这种现象是巧合，是巧合吗？不是，绝对不是！这就是股市自身运行的"内在规律"，是不可抗拒的"共振理论"！

图1-17 现货黄金日K线：2015年8月－11月下旬"共振理论"做多实战图

图1-17说明：现货黄金，在2015年8月6日、9月17日、10月5日，日K线均发生了"一招定乾坤" 共振图形，股指都有一波 "做多行情"，不管牛市还是熊市。有朋友会说这种现象是巧合。是巧合吗？不是，绝对不是！这就是股市自身运行的"内在规律"，是不可抗拒的"共振理论"！

图1-18　橡胶连续，日K线：2015年4月－11月下旬"共振理论"做多实战图

图1-18说明：橡胶连续，在2015年4月21日、7月6日、9月8日、10月9日，日K线均发生了"一招定乾坤"共振图形，股指都有一波"做多行情"，不管牛市还是熊市。有朋友会说这种现象是巧合。是巧合吗？不是，绝对不是！这就是股市自身运行的"内在规律"，是不可抗拒的"共振理论"！

以上18幅图，截图日为2015年11月20日，其中有"共振理论"两种理论实战图。有上证指数、深证成指、股指期货，有大盘股、小盘股、创业版及S股，有期货、黄金，有日线、周线、月线实战图，仅供有缘读者参考。希望大家能从中"悟出点"什么，"看出点"什么，"弄懂点"什么，或"学会点"什么。能从股市中把以前损失的资金"赚回来"！或把买此书的钱加倍地"赚回来"！

一般情况下，大盘或个股在每一个周期"相对高位"时（以高于年线、半年线为标准），60分时图、日K线图出现"一招定乾坤"图形，周K线、月K线一般均不会出现"一招定乾坤"图形配合大盘上涨，大盘或个股的上涨率只有8%—20%左右。

月K线：KDJ系统中，K、D、J三条线，MACD系统中DIF、MACD两条线，均呈多头排列向上之势。MACD系统中的红柱线比前一个月继续放长，配合该股继续上涨。直到出现"一式见分晓"图形，股价才开始回调。

这说明当大盘形成"下降趋势"，个股的主力、庄家想做一波行情，仍会按笔者所命名的"一招定乾坤"图形及"一式见分晓"图形，去完成一个周期"涨与跌"的过程。

不过，绝大部分的个股是"随大盘涨，亦随大盘而跌"，只有少数是"逆势"而为，大家称为二八现象。普通投资者，一定要求八不求二，否则你一定不赚钱。

二、出光盘、进北京

笔者以上的"论点、观点"及大盘走势图中所出现的图形，就是对目前股市"相对规律"的论述、剖析和总结。笔者认为这一"技术组合"的产生，使投资者能把握股市"相对规律"及"贯通"运用，对我们了解股票市场、调整心态等方面有着非常重要的作用。我的心愿是：通过"技术组合"，让更多人加入到证券市场中来。掌握"股市规律"，并完成股市"论文"，把自己的"实践和理论"通过更直接的方式传达给股民朋友，笔者想出一盒VCD教学光盘。有了想法，便付诸行动，紧接着笔者跟东南大学出版社音像出版部联系。获得允诺后，1998年11月初，笔者便南下上海，找到上海乾隆高科技有限公司。因为若要出光盘，笔者必须要获得"软件平台"有关单位的同意和认可，如此，才不构成侵权。

在充实的、极具说服力的资料面前，乾隆公司欣然同意为笔者提供其技术平台。

乾隆公司的"同意书"内容如下：关于高竹楼同志所著的书籍《炒股就一招》及VCD光盘中所涉及上海乾隆高科技有限公司（以下简称乾隆公司）利益的内容作如下说明：

1. 钱龙是乾隆公司所拥有的注册商标。

2. 同意高竹楼同志在其著作中使用"乾隆公司所拥有的钱龙软件的有关画面、图表",并以其个人名义给予恰当的解释、说明。

3. 上述著作乃系高竹楼同志的个人作品,并非乾隆公司所有、出版,乾隆公司对其不承担任何义务和责任。

落款是:上海乾隆高科技有限公司,1998年11月5日。

拿到这份"同意书"后,同年11月底,笔者又乘坐飞机,直赴北京。笔者首先将自己的书籍及论文直接交到中国证监会有关部门,又与北京天财胜龙科技发展有限公司取得联系,获得了一份同样内容的"同意书"。与此同时,鉴于笔者"运用软件中'四个常用'技术指标,在较短时间内,从'现象到理论'发现并确定了中国股市'相对规律',是目前回避风险最具体的好方法之一,填补了中国股市的一大空白,极有投资、推广价值",经天财胜龙科技发展有限公司研究决定,聘请笔者为天财胜龙科技发展有限公司"特约研究员",聘用时间为1998年12月14日至1999年12月14日。有了这些,笔者心里踏实了。回来后,VCD教学光盘的制作便紧锣密鼓地开始了,经过数月的努力,"一招定乾坤"VCD教学光盘终于在1999年3月16日正式出版发行,当时销售量达数万套。

与此同时,笔者受聘为"南京经济学院证券期货研究所"客座教授,笔者的研究理论以及"看盘心得"也陆续见诸报端,可谓是三喜临门。

三、中国"股市与政策"相互关系

新中国成立之后,于1990年开始,中国股市又在伟人邓小平的提倡和建议之下,在中国的深圳、上海两地开始筹建。由于股市在当时来讲是一种新的投资品种,只有年龄较大的从旧社会过来的商人、富人才知道,股票是一种能让人"赚钱"也能让人"赔钱"的投资品种,所有参与股市的人都是"糊涂买来糊涂卖",谁也不知道什么时候能买,什么时候该卖,"赚钱与赔钱"只是碰运气、靠手气,完全是抱着赌一把的心态去买卖股票,绝大部分人不懂什么

K线图、成交量，也没什么电脑看盘工具，更谈不上去研究股市的这个理论那个理论的，没有人知道或研究"市场理论"和"市场规律"。当时也就是数十万人参与股市的买卖罢了，但是随着时间的推移，参与的人越来越多，研究的人也是越来越多，什么这种理论那种理论也不断由国外引进到国内。笔者从1998年起就开始研究中国股市的"市场与政策"，这个话题很大很大，股市是一个无穷大的话题，政策又是一个无穷大的话题，从哪里着手？刚开始是东一榔头西一棒槌，做了很多无用功，后来看了很多有关股市的书，与很多有关人士讨论交流有关股市的方方面面，花了20年的心血和智慧，终于把中国股市及世界股市"市场与政策"之间的相互关系理顺了，并把它们之间的关系"简单"归纳总结为三条：

一、当"政策与规律"合二为一时，股指就上涨或下降。

二、当"政策和规律"一分为二时，股指也上涨或下降，但"政策"要服从"市场规律"而运行。

三、当政策强制使"市场规律"改变其运行轨道时，只能是暂时的、局部的，改变不了大的"市场规律"运行轨道。

经过实践见证，以上三条永远是正确的，这样的例子太多太多。

大趋势软件，已把上面所述"程序化"，明确给你下达当天的"各种文字指令"，只要你"坚决执行"即可。

第五节　全面推广"大趋势炒股赚大钱"的投资理念

大趋势能赚大钱，没有趋势不赚钱，

你如不信试一试，事实永远摆眼前！

趋势第一不会错，无数事实让你服，

如果你还有疑虑，看看大盘走势图。

在股市中，为什么我们提倡大家要大趋势第一，顺势而为呢？

它包含了两个方面的意思：第一层意思是说要顺应大趋势；第二层意思是说要按规定的纪律去操作。由此看来，判断趋势、顺应大趋势在先，展开实际行动买卖在后。我们归纳为：大趋势第一，买卖第二。

大趋势第一，买卖第二，又引出两个话题来：一是如何判断和顺应大趋势；二是如何展开实际行动。

下面我们先谈一谈第一个话题，如何判断和顺应大趋势。

大家都知道，股票的价格运行态势无非是下面的三种情况：

一、上升趋势；

二、横盘趋势；

三、下降趋势。

什么样的趋势能赚钱？

知道了以上这三种趋势以后，我要问大家了："作为投资者，来到股市里面干吗来了？"大家都会说：买股票赚钱呀，买股票发财致富呀。

如果某一只股票横盘整理了三个月，你买进后在这三个月里你能赚钱吗？回答说：不能，肯定不能。

如果某一只股票买进后，它就开始下跌，而且不停跌，跌不停，不知道底部在何处，你能赚钱吗？回答说：也不能。

好了，三种趋势中，有两种趋势都不赚钱，那剩下的一种趋势可能就是大家所要找的赚钱的趋势了。但我们也必须验证一下，如果你买进一只股票后，股票就不停地涨，涨不停，今天最高价买进，第二天自己的买进价就是最低价，并由此循环不断，这样的话，6元买进涨到7元，7元买进涨到8元，8元买进涨到9元，等涨到9元之后，把它卖了，你能说你不赚钱吗？你能说这只股票不是处于上升趋势吗？

由此判断：买进上升大趋势的股票能够赚到大钱，买进横盘趋势的股票不赚钱，买进下降趋势的股票后，不但不赚钱，而且还要赔钱。

下面我们再谈一谈第二个问题，你将如何展开实际行动。我们通过十四年的实战及研究，最后认为：炒股者要想利润最大化，只有在上升大趋势刚刚形成后，第一时间买进。同样只有在下降大趋势刚刚形成后，第一时间卖出。这里要说明的是，你是做短线、中线、还是长线？因为短线、中线、长线的趋势划分是不一样的，当然各种趋势的收益也是不一样的。

下面我们再谈一谈：

股市唯一能赚钱的方法是：按"汽车操作法"的要求，当"绿灯"一亮时，立即开车（进场买股），当"红灯"一亮时，立即停车（退场卖股），你就是一位"合格的"驾驶员。用在股市中，你就是一位"合格的"炒股人。

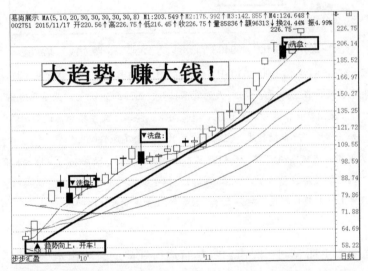

图1-19　易尚展示（002751）日K线，"大趋势，赚大钱"实战图

图1-19说明：易尚展示（002751）日K线，在2015年9月21日，盘中出现"趋势向上：开车"文字指令，股价在63.00元左右，经过59天的震荡拉升，已涨到226.00元，涨幅已达290%左右。至2015年11月17日截图日止，盘中没有出现"趋势向下：停车"文字指令，说明2015年下半年行情未结束。如果你按"汽车操作法"文字指令操作，你会不赚钱吗？

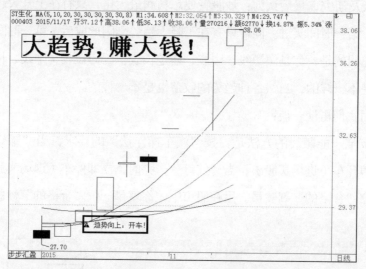

图1-20 ST生化（000403）日K线，"大趋势，赚大钱"实战图

图1-20说明：ST生化（000403）日K线，在2015年11月22日，盘中出现"趋势向上：开车"文字指令，股价在29.00元，经过8天的震荡拉升，已涨到38.00元，涨幅已达38%左右。至2015年11月17日截图日止，盘中没有出现"趋势向下：停车"文字指令，说明2015年下半年行情未结束。如果你按"汽车操作法"文字指令操作，你会不赚钱吗？

注：大家都知道该股属ST股，凡ST股基本面肯定不会好，业绩均为负增长，在一部分投资者眼中，这些股是不会给投资者带来回报的，但事实证明不是如此。所以我们认为：不管什么股，只要上升大趋势形成，就会上涨，就会给投资者带来巨额回报。

上面两图更加说明：股市自身是有运行规律的，股市永远会按自身规律运行，决不会按你的想法、我的想法、机构的想法及管理层的想法而运行。大家回顾一下，国庆五十周年、证券法出台、香港回归、奥运会召开、中央两会召开、国庆六十周年等等，凡国家重大纪念日来临或重大会议召开，很多投资者都一厢情愿地希望股市大涨，给自己的财富带来增长，结果是希望越大，失望也就越大。

前面两幅实战图，不知广大读者能从中"悟出点"什么？又能从中"吸取点"什么？又能从中"学会点"什么？又能从中"得到点"什么？又能从中"知道点"什么？

　　所以我们得出的结论是：炒股就是炒涨，炒股就炒大趋势，炒股就是炒"上升趋势"已形成的个股，其他一切都有假，唯独"趋势"假不了，错不了，而永远正确也。

　　全球，股市的存在已有数百年了（新中国股市只有25年），在数百年中，先辈、前辈总结出各种各样的股市理论，最著名的有：道氏理论、波浪理论、信心理论、亚当理论、随机漫步理论、相反理论、黄金分割理论，还有什么K线理论、均线理论等等，达数十种之多。唯独没有市场理论。有人会问，股市的各种理论反映在哪里，在哪里能寻求到答案。因为以上所说的各种理论都反映在"走势图"中，所以各种股市理论只能在走势图中寻找答案，市场理论也不例外。

　　为什么，有人天天把市场挂在嘴边，天天讲市场，管理层在讲，经济学家在讲，教授们在讲，学者们在讲，真正是上也讲来下也讲。讲来讲去，股市该涨它照涨，该跌它照跌。但一遇到股市具体问题时，他们又会说：目前股市的市盈率是多少倍，国际油价如何，国内GDP如何，物价上涨多少，业绩如何，基本面如何，用数十种理由去解释、去分折、去判断后市。同样，新中国25年的股市，该涨时它照涨，该跌时它照跌。不管你用多少种理论去解释、去分析、去判断，都和市场密不可分，都和市场有关连，都离不开市场这个主题。好事用市场两字往上一套，顺理成章；坏事用市场两字往上一套，理所当然。所以叫作：好也市场，坏也市场，涨跌行情通用也。

　　市场反映一切、市场指挥一切、市场主宰一切，市场统帅一切，股市的一切一切都是市场说了算。每一个交易日的下午3点钟后，市场的涨、跌、平已定，不需你争、我争、大家争，你说、我说、大家说了。各类人士再忙着推断第二天的股市行情……就这样日复一日、月复一月、年复一年，已过了20年了，仍是孜孜不倦，废寝忘食，结果仍是输多赢少，可叹，可悲，可怜也。以上所说的一切，统统反映在"市场"中，具体都反映在"走势图"中。

　　所以说"市场操作法"是炒股者研究大纲，是股市研究者的"最终"目标。

　　市场操作法——"趋势向上买一招和趋势向下卖一招"诞生了。笔者通过研究，认为：中国股市的"市场操作法"，包括了股市中的"所有操作法"。

说到"市场"这两个字，凡炒股者，是无人不知无人不晓，而真正理解"市场"两字含义者不多也！目前全世界炒股数亿人，中国"一亿四千万"炒股者，都认为"市场"是投资者看不见而又摸不着的一种"说事"的理由。

但凡研究"易经"者，但凡懂"易经"者，但凡学习"易经"者，都知道世上万物皆有"规律"可循，股市也不例外。世上万物皆有"阴阳"之分，股市不也就是由每一根"阴线阳线"组合而成吗？阳表示上涨，阴表示下跌。故炒股者，必知、必懂、必学"易经"也。

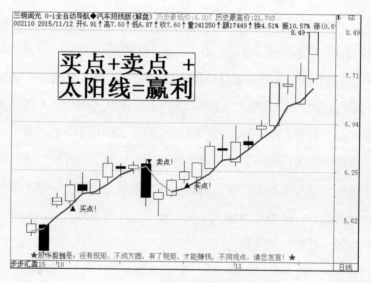

图1-21　三钢闽光（002110）日K线，"买点+卖点+太阳线=盈利"实战图

图1-21说明：三钢闽光（002110）日K线，在2015年10月27日，盘中出现"买点"文字指令，股价在5.50元，经过24天的震荡拉升，已涨到8.49元，涨幅已达70%左右。至2015年11月12日截图日止，盘中没有出现"卖点"文字指令，说明2015年下半年行情未结束。如果按"汽车操作法"文字指令操作，你会不赚钱吗？

各类投资者只要能按上图文字指令：买点+卖点，多少都会有收益，唯一的一条就是执行！执行！坚决执行！

"买点+卖点+一条高氏线=盈利"口诀是：

> 市场操作就是对，就看你来会不会，
>
> 不会操作怎么办？抓紧时间快学会。
>
> 趋势向上买股票，包你肯定有钱赚，
>
> 趋势向下卖股票，你就永远不被套。

所以我们一直认为，向市场学习，拜市场为师，是每个投资者的头等大事，"市场"永远是我们的"良师益友"。尊重"市场"就是尊重你自己。

凡各类炒股者，不管是新手、老手、高手，只要想在股市中赚钱，就必须做到以下六条：

1. 尽快向市场靠拢，了解市场规律！

2. 拜市场为师，要坚决做到无怨无悔！

3. 尽快与市场接轨，掌握市场规律！

4. 听市场的话，要坚决做到不折不扣！

5. 尽快和市场同步，执行市场规律！

6. 跟着市场走，要坚决做到寸步不离！

以上这六步，少一步都不行，少哪一步，就补哪一步。

以上六句股市箴言，是我们13年来，对中国股市"市场"新的突破，新的认识，也可以说，是炒股者"最高"境界了。

一般的投资者，要想在股市中获得成功，六句股市箴言就能让你早日成为股市高手，六句股市箴言就是"股市赢家"的教学大纲。

不听这六句股市箴言，就赚不了股市的大钱！

不听这六句股市箴言，就算不上是股市真正的赢家！

不理解这六句股市箴言，就算不上是真正的投资者！

不执行这六句股市箴言，就算不上是真正的股市高手！

不学习这六句股市箴言，就永远是糊涂买，糊涂卖！

不研究透"市场"真正的含义，你就会永无止境地给"市场"打工，反复交学费。

以上就是笔者对"市场"最新的感悟，最新的认识，最新的突破。

以上所表述，就是"市场理论"的大纲，六句股市箴言就是"市场理论"的核心。

股市明天最重要，关键买股不被套，
重点关注趋势线，向上买进向下抛。
世上万物规律找，股市规律不能少，
掌握规律来炒股，股市赚钱易做到！

股市就是玩游戏，输赢千万别生气，
人生游戏何其多，输点赢点别在意。
一亿人民在炒股，你说辛苦不辛苦，
如果要想把钱赚，不要理论要结果。

炒股不与天斗、不与地斗、不与人斗、不与电脑斗、不与软件斗、不与趋势斗、不与规律斗、不与市场斗，因为有关股市的一切一切，什么政策、消息、业绩、市盈率等等，主力及庄家，每买一手，每卖一手，均明确反映在"走势图"中。

投资者只要能学习、了解、掌握股市自身的"市场规律"，跟着"市场规律"去炒股，顺势而为，即是赢家。

第六节　无法阻挡的上升大趋势——2014年的牛市行情

> 二○一四是牛年，市场趋势向上变，
>
> 赚钱比例二八开，少数赢利难改变。
>
> 股市运行二十载，运行规律不会改，
>
> 要想探寻之奥秘，趋势变换就买卖。

股市的故事年年讲，每年都不同，2014年是全世界金融平稳的一年，是中国股市大扩容的一年，据有关权威媒体公开报道：

2014年又是大牛市的一年！又是政策PK市场的一年！

你听市场话了吗？你跟市场走了吗？2014年你在股市中赚钱吗？

俗语说：炒股容易，赚钱难，赚大钱更难！

2014年上证指数开盘2112点，摸高3239点，收盘3234点，年涨幅52.87%。深证成指开盘8083点，摸高11050点，年收盘11014点，年涨幅35.62%。

2014年股市的走势，出乎很多投资者的意料，给很多看空的投资者们一记耳光，让熊市思维炒股者没有赚到钱，部分大主力、大机构、大庄家又一次"满仓"踏空，错过了创业板和小盘股的这一波行情，为什么？炒股容易，赚钱难！赚大钱更难！

2014年11月至12月中旬笔者在广州受到某机构邀请，做了两场投资理财交流会，并举办一场"操盘手"培训班，到场人数多达数百人。当时笔者做了市场调研，获利人士只占到全场人数的20%左右。7-12月份股市在震荡上涨，上证指数从2014年5月21日开盘日的1991点，运行到12月31日的3239

点，上证指数运行了153个交易日，股指上涨64%左右，有的个股已翻倍，但广大的炒股者仍是输多赢少。这是为什么呢？

根据有关媒体报道：2014年上证指数上涨52.87%，深证成指上涨35.62%左右，很多个股的股价已翻一番或翻两番，涨幅最大的个股如"涨停王"兰石重装上市后曾创下32个交易日27个涨停的神话，全年涨达769%。再如，抚顺特钢2014年上演了一幕"咸鱼大翻身"的好戏，尽管三季度报每股收益仅为4分钱，股价却从5元一路飙涨到接近30元，勇夺涨幅榜"探花"一衔。全年涨达388%，而我们绝大部分投资者仍未赚到钱，这不是咄咄怪事吗？

这样的大牛市行情，很多炒股者竟然仍不赚钱，为什么？因为，股市存在着三大类股民。通过市场调研，笔者总结：

第一类是先知先觉者：

先知先觉是股神，他们认为自己能，

时间一长无人信，因为股市没有神。

这类人是股市的冒进者，总认为自己是股神，什么都懂，别人都不如他，站在市场之上，特点是自傲自大，自以为是，目空一切，我行我素。又想买到最低点，又想卖到最高点，最后的结果是，大户变中户，中户变散户，直到在股市中销声匿迹。

也就是大家常说的鱼头鱼尾都要，鱼身也要。按笔者的说法：他们就是走在趋势之前。

第二类是后知后觉者：

后知后觉是能人，股市涨跌能生存，

他们总能把钱赚，掌握趋势就生存。

这类人是股市的稳健者，特点是不当上游不当下游，不争先不落后，只当中游稳当一些，能赚大钱，亏不了大钱。他们能做到，主力进场，我跟着进场，主力退场，我也退场。

也就是大家常说的鱼头鱼尾不要，只吃鱼身。按笔者的说法：他们就是走在趋势之后。

第三类是不知不觉者：

不知不觉要学艺，看你愿意不愿意，

不愿学艺怎么办？见到股市要回避。

这类人是自己没有主张，什么都不懂，是典型的墙头草，刮东风向西倒，刮西风向东倒，这类股民只会跟风炒股，是赚不了大钱的。绝大部分不赚钱的炒股者是第一类和第三类，不赚钱的原因归根结底，就是不听"市场"话，不跟"市场"走而造成的。他们犯了同一错误，就是对股市永远进行猜！猜！猜！

所以笔者友情提醒一下：

炒股不要猜猜猜，收盘之后即明白，

靠猜买进股票后，结果就是二八开。

凡不赚钱的炒股者，在你看到这本实战教材后，千万、万万不要再对股市猜！猜！猜了！

下面笔者再来分析一下，2014年1月至12月股市的走势图，也就是市场的实况反映。首先，简单分析一下政策面的情况，由于2014年全世界金融平稳过渡，中国也不例外，沪市股指从2014年1月上旬的2100点左右一路震荡运行至2014年7月25日的2057点。在这段平稳时间内，各类消息满天飞，利好消息不断出现，尤其在4月上旬的"沪港通"消息公告前后，5月份的"新国九条"的利好公布。管理层使尽浑身解数，该说的都说了，该做的都做了，该讲的也都讲了，专家们献计献策，救市的呼声一浪高过一浪，中国的股市仍是我行我素，毫不理睬管理层是怎样想的、各位人士是怎样讲的、各类投资者是怎么做的，直到2014年7月下旬，上证指数还在2000点左右上下震荡，真是不可思议。很多人都说中国股市是政策市，但管理层动用了这么多利好的政策，中国的股市为什么就不涨呢？印花税也降了，新股也有节度发行，从2014年的上半年政策上分析，利好消息偏多，然而股市几乎没有太大的变化。金融危机依然存在，管理层各有关部门，各主要负责人多次在各种不同的场合与不同的人物的对话、谈话、访谈，几乎每一次都要提及金融危机这个话题，然而中国股市，对金融危机似乎毫不理会，充耳不闻，一路震荡运行至2014年的下半年。政策上也几乎没有太大的变化，只是GDP指数略有好转，而且下半年的加速扩容，这么大实质性的利空，大盘不跌反涨，很多投资者直喊看不懂。

上证指数从2014年年初的2112点，到年底摸高3239点，收盘3234点，年涨幅52.87%。深证成指今年年初开盘8083点，年底收盘11014点，年涨幅35.62%。但绝大部分投资者还是赚不到钱，有很多炒股者仍然是"负翁"。各位读者你们哪一位能说清这是为什么吗？

下面我再用技术面分析一下2014年1-12月份的行情吧：

从2014年7月起至2015年11月下旬止，从事实上得到的结论就是：一旦上升（下降）趋势形成，人气形成的动能持续而上（或而下），在一定时间段内，则不以任何人的意志为转移，我们看清了上升的趋势，持续跟进，可能少赚了几个点，但是却避免了趋势不明确盲目而入被牺牲的风险。在这样情况下，只要趋势没有出现拐点之前，投资者都以做多（做空）为主，上升趋势是我们赚钱的时机，简单而言就是：日出而作（买股）日落而息（卖股）。就是这么一个简单、简单、再简单的道理，全国炒股者有1.4亿人之多，而绝大部分炒股者，都还没有弄明白，真是可怜！可叹！可悲也！

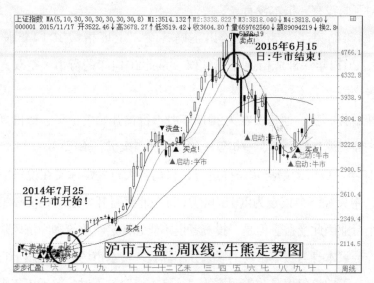

图1-22　上证指数2014年7月-2015年6月，周K线"牛熊"走势图

图1-22说明：上证指数，周K线，在2014年7月25日，盘中自动出现"买点"文字指令，股指在2100点左右，经过48周的震荡拉升，2015年6月15日股指在5178点，涨幅已达160%左右。盘中自动出现"卖点"文字，指令提示熊市开始。股指经过10周震荡下跌，至2015年8月28日止，股指跌到2850点，然后横盘整理6周后，盘中自动出现"启动"文字指令，至2015年11月18日截图日止，说明2015年下半年行情未结束。按文字"买点、卖点"指令执行，您会不赚钱吗？

下面我们再用"市场论、趋势论"分析一下2014年1月至12月的行情。

2014年12月底，上证指数已站在3239点之上，两市大盘2015年又将怎样运行，明天、后天、大后天……大盘是上涨还是下跌？某只个股是上涨还是下跌？绝大部分投资者，包括有些主力、机构、基金，他们也仍然在猜！猜！猜！只有到了每个交易日收盘后，涨就是涨！跌就是跌！因为"市场"已做出正确的结论。但是，有人又为明天、后天、大后天猜去了！

像他们这样日复一日、周复一周、月复一月……这样炒股者太累了，奉劝他们赶快拜市场为师，听市场话，跟大趋势走吧！

根据有关媒体统计后报道：2014年的十大牛股，2014年的最高点位多少点，最低点位多少点，广大读者，你们去验证一下，有哪一位说对了，又有哪一位猜对了。没有，根本没有。

2014年结束了，市场已给出正确答案，上证指数2014年股指上涨52.87%，2014年深证成指上涨35.62%。从此2014年的行情多空双方暂停争论，暂告一段落。

紧接着你、我、他，又在为2015年股市行情开始争论了，一日复一日、一周复一周、一月复一月、一年复一年，永远、永远、永远……

2016年，股市的趋势将怎样运行，目前各大有关媒体又在说三道四，说东道西，中央经济会议定为2015年3月5日在北京召开，宏观经济政策做出定调，多个行业因此受益。但是，投资者也不能忽视宏观政策和经济风险。中央经济工作会议本身与资本市场的联系并不算大，资本市场应该有属于它自身的定价机制，不应该仅仅是政策调控的"神经末梢"。不过，鉴于历年来中央经济工作会议对资本市场的指导意义，2015年值得投资的板块已经被划定，投资风险也被政策所提示，投资者只要借鉴这些政策，并控制好投资节奏，在2016年的资本市场中取得收益并非难事。调整结构、促进消费、稳定增长将是2016年中国经济发展的主导方向，也为A股市场结构优化、业绩提高、行情稳定发展提供了最大的政策指导方向，未来A股市场的消费概念、新能源、农业等行业可重点关注。

所以笔者认为，一切问市场吧，请不要再相信所谓的名人、专家，按市场"指令"做，跟市场大趋势走，你一定是大赢家！

有缘的读者们，在2016年股市中，你一定要听市场话，跟大趋势走！才能赚到大钱。

2016年行情大不大，就看政策来变化，

2016年能否赚大钱，根据市场来说话。

2016年是千变万化的一年，随时都有"政策与市场"对立和统一的一年，笔者的观点到底对不对，让市场来检验吧！

第二章

投资者必学必懂篇

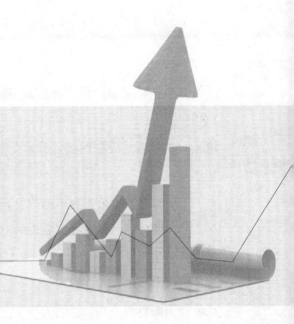

　　笔者友情提醒：投资者在入市时应当对自己的主客观条件有一个全面的认识：

　　一、能够天天按时到证券营业部上班，技术分析能力较强的全职股民可以炒短线；

　　二、家中或办公室有电脑的上班族可以做中线；

　　三、而以储蓄思维投资股市的投资者只能做长线。

　　找准了适合自己的定位之后，还必须始终坚持。短线客只做短线，中长线的只做中长线。

　　作为两种完全不同的投资方法，短线投资的关键是找准"买一招"切入点，而中长线投资的关键是判断长远趋势，只吃"鱼身"，不必介意短线一时的涨、跌、强、弱。

第一节　进股市的目的是什么

我清楚自己到股市来的目的：不是来预测股市的涨与跌，而是来赚钱的；不是来证明自己观点正确与否，而是来股市中赚大钱和盈大利的，而且是希望自己在平静而不是在烦恼中赚大钱或赢大利的。

我不去预测股指是跌还是不跌，也不预测股指是涨还是不涨，对于别人猜谜似的种种预测也没有丝毫兴趣。自然，这些种种预测不会令我不安、恐惧或兴奋。道理很简单，因为你的预测不可能百分之百正确。

股指下跌，不是所有的股票都会下跌。经验表明，关注指数，可能往往使人心生迷乱，烦躁不安。其实，这些都不重要甚至是不值得关注的，重要的是当股市上涨，特别是在大牛市到来时，你只要关注处于上升趋势的好股票，牢牢把握住大行情。

作为炒股者，永远要清楚自己来股市的目的是为赚钱而来的。

股市既能赚钱，同时也存在着风险。

第二节　中小投资者的投资风险

资本市场中的连锁反应体现在很多方面，有一个方面对我国众多投资主体，尤其是对中小个人投资者来讲是一个非常现实的问题，即个人投资者在资本市场上的角色定位。是赢家，还是输家？对每个市场参与者而言，谁都希望自己是前者，不是后者，而现实却往往不遂人愿。

　　资本市场是一个"财富再分配"的场所，把自己的财富投入到这个市场，没有人是希望赔钱的，大家都抱着赢利的希望，而且常常还是很大的希望，但是结果却往往总是有一些人，不，是有相当一部分人在赔钱。

　　股市不同于传统意义的商品市场，商品市场的买方与卖方可以通过交换来增进各自的利润，达到双赢结局；资本市场上的买卖双方是进行虚拟财富交易，而这从整体看来是零和博弈。

　　简而言之，交易双方中一方赢利，对方则亏损。通过对西方成熟市场过去几十年的实证研究，学术界普遍认同一个实证现象，就是资金规模小的参与者在资本市场上往往扮演了"鱼肉"的角色。而我国资本市场作为新兴市场的代表，这个现象比西方国家还要显著。不管市场是牛市还是熊市，或是上蹿下跳的猴市，从相对收益率和绝对收益率来看，受伤的总是资产规模较小的投资者。造成这种现象原因是什么呢？

　　首先，资产规模的约束限制了个体投资者有效的资产配置。从理论上来说，投资者可以依据宏观经济周期和自身的风险偏好及自身承受风险的能力，把自己的财富配置在多种资产种类之间，以达到盈利避险的目的。但是，中小投资者的资金有限，往往不能对很多资产种类投资，承担不对称的系统性风险便成了他们不得不做的一个选择，所以最好不要炒股。

　　其次，资金规模的不对称往往伴随着信息的不对称。在市场上搜寻、筛选、获取信息是需要成本的，且往往超出了中小投资者的承受范围。显然，资金规模越大，单位资金所承担的信息成本就越小，这也是资本规模效应的显著体现。在获取信息并对之深入挖掘开发方面，毫无疑问，大型机构要比中小投资者有更大的优势，进而使其在市场上拥有更多的优势。因而小资金想赚大钱太难、很难、非常难。

　　为了我国资本市场的长期稳定发展，不控制住这种大鱼吃小鱼的马太效应是不可想象的。一个成熟健康的市场，意味着有多层次的参与群体。如果放任这种马太效应的存在，必然会造成大鱼吃小鱼，小鱼吃虾米的恶果，导致一些超级机构最终一统"江湖"，操纵市场。近期市场上广为传播的基金互相砸盘追杀的故事，不过是目前中国资本市场大机构垄断市场导致的一个现象罢了，店大欺客，哪里都是存在的。

从监管的角度看，首先是要规范现有的投资机构，一定要坚决打击操纵市场的行为；其次是引入新的参与主体，进一步深化资本市场对内对外的双向开放，为资本市场引入新的动力；第三是加强信息披露，尽全力增强市场的透明度，规范信息的发布渠道和程序，降低信息的获取成本和交易成本。让中小投资者分得股市的一杯羹。

第三节　新股民入市前，必须要了解哪些股市基本知识

作为刚刚入市的新股民，要对股市的基本知识有一定的了解。

1. K线：用红、绿颜色分别标记股票的开盘、最高、最低、收盘价格的状态的图线。

阳线：当日股价收盘价高于开盘价。

阴线：当日股价收盘价低于开盘价。

上影线：当K线为阳线时，上影线为当日最高价与收盘价之差。当K线为阴线时，上影线为当日最高价与开盘价之差。

下影线：当K线为阳线时，下影线为当日开盘价与最低价之差。当K线为阴线时，下影线为当日收盘价与最低价之差。

实体线：当日收盘价与开盘价之差。如果收盘价高于开盘价，实体为红色柱体；反之，则为绿色柱体。

2. 买盘：买入股票的资金意愿和实际行为。

3. 卖盘：卖出股票的资金意愿和实际行为。

4. 委买手数：已经输入证交所主机电脑欲买进某股票的委托手数。

5. 委卖手数：输入证交所主机电脑欲卖出某股票的委托手数。

6. 红盘：红，代表股价上升，今日收盘价高于昨日收盘价，称作红盘报收。

7. 绿盘：绿，代表股价下跌，今日收盘价低于昨日收盘价，称作绿盘报收。

8. 平盘：股价基本上没涨没跌，称作平盘报收。

9. 开盘价：指股票当天集合竞价成交的价格。

10. 最高价：指股票当天最高成交的价格。

11. 最低价：指股票当天最低成交的价格。

12. 收盘价：指股票当天最后一笔交易前一分钟（含最后一笔交易）所有交易的成交量加权平均价。

13. 交易时间：每周一到周五上午9点30分到11点30分，下午13点到15点。国家法定的公众假期除外，如：春节、国庆节等。

14. 集合竞价：每天交易开始前，即9点15分到9点25分，沪深证交所开始接受股民有效的买卖指令。如：涨跌幅必须按规定填单（当日上市的新股除外），否则主机不接受指令。但此时电脑不撮合成交，在9点30分正式开盘的一瞬间，沪深证交所的电脑主机开始撮合成交，以每只股票最大成交量的价格来确定每只股票的开盘价格。（价格优先：股票买卖时，如果许多股民同时买卖一个股票，则必须按照"价格优先，时间优先"的规则办。）下午开盘没有集合竞价。集合竞价不适用于新股申购、配股、债券。

15. 报价单位：A股申报价格最小变动单位为0.01元人民币。

16. 连续竞价：集合竞价主要产生了开盘价，接着股市要进行连续买卖阶段，因此有了连续竞价。集合竞价中没有成交的买卖指令继续有效，自动进入连续竞价等待合适的价位成交。而全国各地的股民此时还在连续不断地将各种有效买卖指令输入到沪深证交所电脑主机，沪深证交所电脑主机也在连续不断地将全国各地股民连续不断的各种有效买卖指令进行连续竞价撮合成交。而无效的买卖指令主机不接受，如股票填报的价格超过涨跌幅限制等（当日上市的新股除外）。

17. 涨跌停板：为防止证券市场的价格发生暴涨暴跌现象，自1996年12月26日起，深沪证券交易所根据需要，规定股票买卖每日市价最高涨至（或跌至）上日收盘价的10%。如果当天股价达到了上限或下限时，不得再有涨跌，术语称为"涨停板"。当天市价的最高上限称为"涨停板"，最低下限称为"跌停板"。如：平安银行昨日收盘价10元，今天它的股价涨跌浮动范围就是11元到9元。如果是ST股，涨跌幅度为5%。所以你报价时，要遵循涨跌停板规则，否则是无效的。

18. 一手：一手就是100股。股票买卖原则上应以一手的整倍数进行。如买100股、3500股等。不能填买入320股、5380股。但由于配股中会发生不足"一手"的情况，如10送3股，你有100股，变为130股，这时可以卖出130股。也就是说，零股不足"一手"可以卖出。

19. 股票代码：用阿拉伯数字表示不同的股票及其含义。沪市A股股票买卖的代码是以600或601打头，B股买卖的代码是以900打头；深市A股股票买卖的代码是以000打头，B股买卖的代码是以200打头；新股申购：沪市新股申购的代码是以730打头，深市新股申购的代码是以080打头，中小板新股申购的代码以002打头。

20. T+1：T是英文Trade（交易的意思）的第一个字母。目前沪深两所规定，当天买进的股票只能在第二天卖出，而当天卖出的股票确认成交后，返回的资金当天就能买进股票。此交易规则简称为T+1。

21. 交易费用：主要有两项（其他如过户费等不计），即：印花税和交易佣金费，均以成交额为计算基数。

22. 股票：指公司签发的证明股东所持股份的凭证。过去以"纸张"的形式作为股票凭据，现在沪深证交所股票买卖实行无纸化，由计算机交易。你的股票由证券交易所或证券商代你委托保管，简称"托管"。

23. A股：在我国境内，由境内公司发行，由境内投资者（国家允许的机构、组织和个人）购买的，在境内交易的人民币普通股票。

24. B股：B股的公司在境内发行和上市，以人民币标明面值，由外国人，港澳台的法人、自然人、其他组织，以及境内外的中国公民，以港币认购和买卖的特种股票。

25．H股：H股的公司注册地在境内，但在香港发行和上市，以港币标明面值，由外国人和港澳台的法人、自然人、其他组织以外币认购和买卖的特种股票。（由此引申出N股即在纽约上市的股票等）

26．大盘股：没有统一的标准，一般指股本比较大的股票。如中国银行，股本达2538亿股。

27．小盘股：没有统一的标准，一般指股本比较小的股票。

大盘股可以影响指数：目前上证指数和深证成指计算指数点位是以总股本为基数计算的。大盘股的总股本都在几十亿股以上，因此主力如果想通过指数影响大盘，就以大盘股为主要对象。不仅综指是这样，成指也一样。因为大盘股流通股的份额也很大，因此主力拉动成指也要靠拉动大盘流通股达到目的。所以，大盘股可以影响指数的升降。

28．次新股：一般指上市不到两年的股票。

29．黑马股：一般指股价突飞猛进的股票。

30．绩优股：一般指公司业绩优良的股票，通常以每股收益和净资产收益率连续几年处于领先的地位来确定。如大家熟悉的贵州茅台、五粮液等。

31．垃圾股：一般指公司业绩很差的股票，通常以每股收益和净资产收益率连续几年处于负值的情况来确定。如第一家退市的水仙电器股票。

32．蓝筹股：西方赌场中有三种颜色的筹码：蓝色、红色、白色。蓝色筹码最值钱。所以套用在股市上，蓝筹股就是指公司业绩优良，在行业内和股市中占有重要地位的股票。目前我国缺少真正意义上的蓝筹股。

33．国有股：指由国家和国有法人投资形成的股份。2006年8月后已陆续流通。

34．法人股：指由国有法人和非国有法人投资形成的股份。2006年8月后已陆续流通。

35．五无概念股：俗称"无概念"股，实际上为五无概念股，指在股本结构中无国家股、法人股、外资股、内部股、转配股。所有股份全部是社会公众股，因此全部可以流通。如沪市的延中业（600601）、兴业房产（600603）、申华实业（600653）、飞乐音响（600651）、爱使股份（600652）5只股票。正由于这5只股票是"五无"，所以炒作起来比较方便。

36. 送股：上市公司分红的一种形式，即采取送股份的办法。

37. 转股：上市公司分红的一种形式，即采取从资本公积金中转增股份的办法分红。

38. 板块股：一般指同处一个行业的上市公司的股票。如金融板块、科技板块等。

39. 股份有限责任公司：指将全部资本分为等额股份，股东以其持有股份为限对公司承担有限责任，公司以其全部资产对公司的债务承担有限责任。所谓有限责任，是指你有某公司1000股股票，那么你对该公司承担的责任为"1000股"有限的责任。

40. 股东：合法购买了某公司的股份，你就是该公司的股东。按其股份，你有相应的责任、义务、权利、利益、风险等，即：同股、同权、同责、同利、同险。

41. 股民：指经常活跃在股市进行买卖股票，赚取差价盈利的群体。和股东的区别是：股东相对比较固定，而股民流动性强。所以有一个说法：炒股炒成了股东的说法，意思是：某股民买了股票后被套，由此停止了频繁的交易，由股民变为股东。

42. 公众股：指自然人和法律允许的机构投资者购买公司股票形成的股份。公众股可以流通。

43. 建仓：指买入股票并有了成交结果的行为。

44. 补仓：指分批买入股票并有了成交结果的行为。

45. 平仓（清仓）：一般指买进股票后，股价上涨有盈利后卖出股票并有了成交结果的行为。

46. 斩仓（砍仓）：一般指买进股票后，股价开始下跌造成亏损后卖出股票并有了成交结果的行为。

47. 半仓：用所有资金的一半用来买股票。

48. 全仓或满仓：指用全部的资金买进了股票，帐户上已经没有充足的资金再继续买进股票，此时你的仓位已经是全仓了。

49. 主力庄家：指非常有资金实力和深层背景的炒作集团。

50. 多头（多方）：预计股价上升，看好股市前景的投资者。

51. 空头（空方）：预计股价下跌，不看好股市前景的投资者。

52. 利多（利好）：有利于多头的各种信息。如管理层鼓励股市上升的政策；经济指标好转的信息，上市公司业绩良好等。

53. 利空：有利于空头的各种信息。如监管股市的政策出台，经济指标恶化的信息，上市公司业绩滑坡等。

54. 多头排列：短期均线上穿中期均线，中期均线上穿长期均线，整个均线系统形成向上发散态势，显示多头的气势。

55. 空头排列：短期均线下穿中期均线，中期均线下穿长期均线，整个均线系统形成向下发散态势，显示空头的气势。

56. 牛市：指股市行情波澜壮阔，交易活跃，指数屡创新高的态势。

57. 熊市：指股市行情萎靡不振，交易萎缩，指数一路下跌的态势。

58. 跳空高开：指开盘价格超过昨日最高价格的现象。

59. 跳空低开：指开盘价格低于昨日最低价格的现象。

60. 跳空缺口：指开盘价格超过昨日最高价格或开盘价格低于昨日最低价格的空间价位。又分为向上的跳空缺口和向下的跳空缺口。

61. 套牢：指买入股票后股价下跌造成账面损失的现象。

62. 解套：指买入股票后股价下跌暂时造成账面损失，但是后来股价又涨回来的现象。

63. 止损：指买入股票后股价下跌，股民亏损斩仓出局以防股价进一步下跌造成更大损失的行为。

64. 金叉（黄金交叉）：技术分析中的术语。指短期移动平均线向上穿过中期移动平均线，或短期、中期移动平均线同时向上穿过长期移动平均线的走势图形。此交叉点是建仓的机会，所以把此交叉又称作黄金交叉，简称金叉。

65. 死叉：技术分析中的术语。指短期移动平均线向下穿过中期移动平均线，或短期、中期移动平均线同时向下穿过长期移动平均线的走势图形。此交叉点意味着股价要下跌，应该及时平仓，所以把此交叉走势称作死叉。

66. 一级市场（发行市场）：股票处于招募阶段，正在发行，不能上市流通的市场。

67. 二级市场（流通市场）：股份公司的股票发行完毕后上市可以进行买卖的市场。

68. 换手率：某股票当日成交量与其总股本的比率。如：中信证券（600030）2003年1月6日上市，当日成交19428.85万股，与其总股本248150万股相除，换手率为7.829%。

69. 市盈率：市盈率反映了一个公司的股价与其每股税后利润的关系。其计算公式是该公司股价收盘价与该公司每股税后利润（每股收益）之比。由于股价每天都在变化，而每股收益一年只计算一次，再加上有不流通股的问题，所以用市盈率作为衡量股市的唯一标准是不科学的。此外，亏损股不计算市盈率。按调整的每股收益计算的市盈率是一个动态指标。一是每日收市价在变化，二是上市公司送配股后股本发生变化，因此每股收益也会变化。所以市盈率应随时按新调整的每股收益计算调整。

70. ST股：ST是英文Special Treatment的缩写，意为特别处理。如果公司财务状况出现异常，则其股票就要被戴上ST的帽子。

71. 暂停上市、恢复上市和终止上市：证券交易所依法决定上市公司股票的暂停、恢复或终止上市。证券交易所应在做出上述决定后2个工作日内，报中国证券监督管理委员会（以下简称"证监会"）备案。证监会认为证券交易所做出的暂停、恢复或者终止上市的决定不符合有关法律、法规和有关办法的规定，可以要求证券交易所予以纠正，或者直接撤销其决定。

A. 暂停上市：公司出现最近3年连续亏损的情况，证券交易所应自公司公布年度报告之日起10个工作日内做出暂停其股票上市的决定。

B. 恢复上市：公司股票暂停上市后，符合下列条件的，可以在第一个半年度报告披露后的5个工作日内向证券交易所提出恢复上市申请：①在法定期限内披露暂停上市后的第一个半年度报告。②半年度财务报告显示公司已经盈利。

C. 终止上市：公司在法定期限结束后仍未披露暂停上市后第一个半年度报告的，证券交易所应当在法定披露期限结束后10个工作日内做出公司股票终止上市的决定。公司在法定期限内披露了暂停上市后的第一个半年度报告，但未在披露后的5个工作日内提出恢复上市申请，或提出申请后证券交易所未予受理的，证券交易所应在披露后15个工作日内作出终止上市的决定。证券交易所受理公司恢复上市申请后，经审核认为不符合恢复上市条件的，应在受理申请后30个工作日内作出终止上市的决定。公司股票暂停上市后，股东大会做出终止上市决议的，公司应当在2个工作日内通知证券交易所，证券交易所应在接到通知后的5个工作日内做出公司股票终止上市的决定。公司股票恢复上市后，在法定期限结束后仍未披露恢复上市后的第一个年度报告的，证券交易所应在法定期限结束后的10个工作日内做出公司股票终止上市的决定。公司股票恢复上市后，在法定期限内披露了恢复上市后的第一个年度报告，但公司出现亏损的，证券交易所应在其披露年度报告后的30个工作日内做出终止上市的决定。如果公司年度财务报告被注册会计师出具带解释性说明的无保留意见、保留意见、否定意见或拒绝表示意见的审计报告，证券交易所可以对公司财务报告盈利的真实性进行调查核实，调查核实期间不计算在前面规定的做出终止上市决定的期限之内。

股票终止上市的公司也不是无退路可言，可以依照有关规定与中国证券业协会批准的证券公司签订协议，委托证券公司办理股份转让（三板交易）。

72. 股权登记日：股票买卖是在交易时间内随时进行的，因此股民持股也是经常更换。上市公司给股民分红、送股、配股时，必须要确定股民持股的日期，否则无法确定给谁分红。因此确定某一天为基准日就是股权登记日。股权登记日的第二天就是股票的除权、除息日。如果你在除权、除息日将股票卖掉，仍可以参加分红。

73. 除息和除权（XD、XR、DR）：除息英文是Exclude Dividend，简称XD。除权英文是Exclude Right，简称XR。如果又除息又除权，则英文简称为DR。上市公司送转股、配股和派息时，在股价上要除掉"股权和派息额"，因此要确定除权除息日。按规定，除权除息的理论计算公式为：（前日收盘价−派息额+配股价×配股率）/（1+配股率+送转股率）。

如果某股票今天除息，则在该股票名称前标明XD；如果某股票今天除权，则在该股票名称前标明XR；如果某股票今天又除息又除权，则在该股票名称前标明DR。以此来及时提醒股民。

友情提醒：请新股民们熟悉以上"名词"及其含意后，再进行实战操作。

第四节　开盘实战须知

开盘是一个交易日的开始，也是大盘一天走势的基调，除非有特大利多或利空消息刺激，否则当日内一般不会发生大涨或大跌。

首先，在开盘时要看集合竞价的股价和成交额，弄清楚是高开还是低开。就是说，和昨天的收盘价相比，价格是高了还是低了。它代表市场的意愿，市场希望今天的股价是上涨还是下跌。成交量的大小则表示参与买卖的人的多少，它往往对一天之内成交的活跃程度有很大的影响。

一般来说，如果股价开得太高，在半小时内就可能会回落；如果股价开得太低，在半小时内就可能会回升。这时要看成交量的大小，如果高开又不回落，而且成交量放大，那么这只股票很可能要上涨。看股价时，不仅要看现在的价格，而且要看昨天的收盘价、当日开盘价、当前最高价、当前最低价、涨跌的幅度等，这样才能看出现在的股价处在什么位置，是否有买入的价值。看它是在上升还是在下降的通道之中。一般来说，下降中的股票不要急于买，而要等它止跌以后再买。上升之中的股票可以买，但要小心不要被套住。

具体来说，要关注以下几项内容：

一、集合竞价。如沪深股市的9时15分至9时30分为集合竞价时间。集合竞价是大盘一天走势的预演，价量关系变化及大户进出动向从中可见一斑，因而具有重要的参考价值。

开盘后，必须立即查询委托买进笔数和委托卖出笔数的多寡，研判大盘行情会走多或走空。一般而言，如果一开盘买单大于卖单2倍以上（如买单20万张，卖单10万张），则显示"买气"十分旺盛；反之，如卖单多于买单2倍以上，则代表"空方"卖盘十分强大。

每笔买进涨数与笔数之比值为8.0以上的，代表有大户买进，如有连续8次以上大比值出现，代表大户入市愿望强烈；反之，如果卖单在8.0以上，可立即抛出手中的持股。

集合竞价的意义在于按照供求关系校正股价，可以初步反映出价量情况及大户进出动态。

二、修正开盘。9时30分至10时为修正开盘。若大幅高开则有一定幅度拉回，大幅低开则会适当上调。之后，大盘得到修正再按照各自的走势运行。由于人为的拉抬和打压因素，开盘指数与股价都有一定的泡沫性，此时进场风险甚大，必须等到修正开盘，消除盘面盲点后，才能看清大盘的真实情况。如果一旦开盘两极分化且迟迟未见修正迹象，则可立即确认大盘强弱和收盘涨跌的走势。

三、开盘三线。开盘三线是指开盘后三个阶段的指数位置。若以10分钟为一计算单位，则盘面涨跌情况如下：

1. 开盘三线在9时40分、9时50分和10时始终在开盘平行线上方游动，且一波比一波高，为涨势盘面。

2. 开盘三线一路走低，始终在平行线下方且与平行线的距离越拉越大，这种情况为跌势盘面。

3. 开盘三线还有一些不很明显的态势也要注意，如开盘三线"二上一下"和"一下二上"仍趋涨势，而开盘三线"一上二下"或"二下一上"则趋跌势，操作者应该密切注视开盘三线变化，灵活掌握，及时做出准确判断。

第五节　新股民如何看懂盘口语言

新股民如何看懂盘口语言呢？这是一个既简单而又复杂的话题。

首先，在开盘时要看集合竞价的股价和成交额，看是高开还是低开，就是说，和昨天的收盘价相比价格是高了还是低了。它表示出市场的意愿，期待今天的股价是上涨还是下跌。成交量的大小则表示参与买卖的人的多少，它往往对一天之内成交的活跃程度有很大的影响。

其次，在开盘后半小时内看股价变动的方向。一般来说，如果股价开得太高，在半小时内就可能会回落，如果股价开得太低，在半小时内就可能会回升。这时要看成交量的大小，如果高开又不回落，而且成交量放大，那么这个股票就很可能要上涨。看股价时，不仅看现在的价格，而且要看昨天的收盘价、当日开盘价、当前最高价和最低价、涨跌的幅度等，这样才能看出现在的股价是处在一个什么位置，是否有买入的价值。看它是在上升还是在下降之中。一般来说下降之中的股票不要急于买，而要等它止跌以后再买。上升之中的股票可以买，但要小心不要被它套住。

最后，观察一天之内股票上下波动的情况。你可以看你所买的股票的走向是否和大盘走向一致，如果是的话，那么最好的办法就是盯住大盘，在股价上升到顶点时卖出，在股价下降到底部时买入。这样做虽然不能保证你买卖完全正确，但至少可以卖到一个相对的高价和买到一个相对的低价，而不会买一个最高价和卖一个最低价。通过买卖手数多少的对比可以看出是买方的力量大还是卖方的力量大。如果卖方的力量远远大于买方则最好不要买。现手说明计算机中刚刚成交的一次成交量的大小。如果连续出现大量，说明有多人在买卖该股，成交活跃，值得注意。而如果半天也没人买，则不大可能成为好股。现手累计数就是总手数，总手数也叫做成交量，有时它是比股价更为重要的指标。总手数与流通股数的比称为换手率，它说明持股人中有多少人是当天买入的。换手率高，说明该股买卖的人多，容易上涨。但是如果不是刚上市的新股，却出现特大换手率（超过50%），则常常在第二天就下跌，所以最好不要买入。

涨跌有两种表示方法。有的证券公司里大盘显示的是绝对数，即涨或跌了几角几分，一目了然。也有的证券公司里大盘上显示的是相对数，即涨或跌了百分之几。这样当你要知道涨跌的实际数目时就要通过换算。

在公司分红时要进行股权登记，因为登记日第二天再买股票就领不到红利和红股，也不能配股了，股价一般来说是要下跌的，所以第二天大盘上显示的前收盘价就不再是前一天的实际收盘价，而是根据该成交价与分红现金的数量、送配股的数量和配价的高低等结合起来算出来的。在显示屏幕上如果是分红利，就写作DR×××，叫做除息；如果是送红股或者配股，就写作XR×××，叫做除权；如果是分红又配股，则写作XD×××，叫作除权除息。这一天就叫做该股的除权日或除息日或除权除息日。

第六节　怎样学会简单的股票操作法

做股票最重要的就是认清趋势，无论是做短线还是做长线，顺逆趋势是炒股盈亏的关键。趋势就像一列火车，不管是小火车还是大火车，如果想在来路挡住它，那注定是要付出惨痛代价的；而如果顺势，即使上来得晚一点，至少也可以搭一段顺风车，而且还有足够的时间让人判断这个火车是否已经停下来了（是准备返程还是维修保养暂且不论），这个时候你下车，至少心情是轻松的，旅途是愉快的。

如何简易地判断趋势呢？

应以K线均线为本，量能均线为辅，各种技术指标线为参考。在这个基础上，我们只要经常检查它们各自趋势的方向和这些趋势线是否相互印证就可以了。如果互相配合得好，那我们就不动；如果发现背离的情况，我们就小心一点，把它当作是一段趋势的结束及时获利了结就行了。

在这里，需要补充几点：

一、股指、股价运行一段时间，达到某一方相对高点（极度分散）或相对低点（低位惜售）后，量能背离这一极端情况，可以认为股价仍在趋势中运行，可以保持关注直到量能发生逆转时进场或离场。

二、需要注意有些指标线是超前或滞后的，如果你嫌烦，就把它们删去不看。不然你就了解一下它们超前或滞后的特性，在运用时适当做一下调整就是了，也不算很麻烦。

三、运用简易趋势判断法，如能把日K线、周K线、月K线结合起来通盘观察则更为准确可靠（称观月看周定日趋势判断法），此法更适合于判断中线趋势和波段操作。

四、在股价横盘或震荡方向不明时，我们就离场或观望，这是运用简易趋势判断法操作的要点，切记。

五、一定要保持良好心态，切不可每日为股价涨跌而烦心，切不可见人就问手里的股票怎么样、好不好、能涨到多少或跌到多少等犹豫不决、婆婆妈妈的话。严格按照本法、独立判断、相信自己，这是运用简易趋势判断法操作的关键。

如果购买股票时能掌握一些有效的原则并严格遵照执行，就可以大大减少失误而提高获利的机会。下面介绍几个有效的"买一招"原则。

一、趋势原则：在准备买入股票之前，首先应对大盘的运行趋势有个明确的判断。一般来说，绝大多数股票都随大盘趋势运行。大盘处于上升趋势时买入股票较易获利，在顶部买入则好比虎口拔牙，下跌趋势中买入难有生还机会，盘局中买入机会不多。还要根据自己的资金实力制定投资策略，是准备中长线投资还是短线投机，以明确自己的操作行为，做到有的放矢。所选股票也应是处于上升趋势的强势股。

二、分批原则：在没有十足把握的情况下，投资者可采取分批买入和分散买入的方法，这样可以大大降低买入的风险。但分散买入的股票种类不要太多，一般以在三只以内为宜。另外，分批买入应根据自己的投资策略和资金情况有计划地实施。

三、底部原则：中长线买入股票的最佳时机应在底部区域或股价刚突破底部处于上涨的初期，这是风险最小的时候。而短线操作虽然天天都有机会，也要尽量考虑到短期底部和短期趋势的变化，并要快进快出，同时投入的资金量不要太大。

四、风险原则：股市是高风险高收益的投资场所。可以说，股市中风险无处不在无时不在，而且也没有任何方法可以完全回避（不买股票就可回避）。作为投资者，应具有风险意识，并尽可能地将风险降至最低程度，而买入股票时机的把握是控制风险的第一步，也是重要的一步。在买入股票时，除考虑大盘的趋势外，还应重点分析所要买入的股票是上升空间大还是下跌空间大，上档的阻力位与下档的支撑位在哪里，买进的理由是什么，买卖股票的依据是什么，买入后假如不涨反跌怎么办。这些因素在买入股票时都应有个清醒的认识，就可以尽可能的将风险降低。

好了，现在我们再来看看，做股票是不是就是如此简单，关键是应用时不要在趋势成立之初太胆小、在趋势之中太紧张、在趋势结束之后还幻想，就一切都OK了。

第七节　为什么说波段操作是散户盈利秘诀

波段操作是针对目前国内股市呈波段性运行特征的有效操作方法，波段操作虽然不是赚钱最多的方式，但始终是一种成功率比较高的方式。这种灵活应变的操作方式还可以有效回避市场风险，保存资金实力和培养市场感觉。笔者认为波段炒作比找黑马更为重要，在每一年的行情中都有主峰和主谷，峰顶是卖出的机会，波谷是买入的机会。

波段炒作很容易把握，这是对于大盘而言。很多个股具有一定的波段，对一些个股进行仔细研判，再确定个股的价值区域，远远高离价值区域后，市场会出现回调的压力，这时候卖出；当股价进入价值低估区域后，在低位买入，耐心持有，等待机会，这样一般都会获取较大的收益。一次完整的波段操作过程涉及买、卖和选股、持股时间等几个方面的投资要点：

一、选股技巧。比较适合波段操作的个股，在筑底阶段会有不自然的放量现象，量能的有效放大显示有主力资金在积极介入。因为散户资金不会在基本面利空和技术面走坏的双重打击下蜂拥建仓，所以这时的放量说明有部分恐慌盘正在不计成本的出逃，而放量时股价保持不跌恰恰证明有主流资金正在乘机建仓。因此，可以推断出该股在未来行情中极富短线机会。

二、买入技巧：在波谷时买入。波谷是指股价在波动过程中所达到的最大跌幅区域，筑底行情往往会自然形成某一中心区域，投资者可以选择在大盘下跌、远离其筑底中心区的波谷位置买入。从技术上看，波谷一般在以下的位置出现：布林线的下轨线、趋势通道的下轨支撑线、成交密集区的边缘线、投资者事先制定的止损位、箱底位置等。

三、卖出技巧：波峰是指股价在波动过程中所达到的最大涨幅区域。从技术上看，波峰一般出现在以下位置：布林线的上轨线、趋势通道的上轨趋势线、成交密集区的边缘线、投资者事先制定的止盈位、箱顶位置。

四、持股技巧：根据波长而定。波长是指股价完成一轮完整的波段行情所需要的时间。股市中长线与短线孰优孰劣的争论由来已久，其实片面地采用长线或是短线投资方式，都是一种建立在主观意愿上，与实际相脱钩的投资方式。投资的长短应该以客观事实为依据，当行情波长较长，就应该采用长线；当行情波长较短，就应该采用短线。要让自己适应市场，而不能让市场来适应自己。整体看来，市场总是处于波段运行之中，投资者必须把握波段运行规律，充分利用上涨的相对顶点，抓住卖出的机会；充分利用基本面的转机，在市场悲观的时候买入。每年只需做几次这样的操作，就会获取良好的收益。

五、用周K线系统，做好波段投资。由于波段操作既包含了汽车理论、市场理论和太阳理论的获利模式，又体现了低吸高抛的股市精髓，成为多数投资者所要追求的投资之道。笔者认为，想要做好波段赚大钱，应尽量多使用周K线系统。

周K线是指以周一的开盘价、周五的收盘价、全周最高价和全周最低价来画的K线图，反映的是一周多空双方的博弈结果。对于普通投资者来说，日K线往往由于突发性事件容易产生太多杂乱的信息而无法准确反映市场的中长期趋势。月K线所表达的信息相对比较滞后，它所反映的是三年以上股市的运行轨迹，但由于我国股市存在时间刚满25年，因此月K线对于普通投资者的参考价值较小。而周K线过滤了绝大多数的偶然因素，能够真正代表市场的中线波段，是普通投资者需要特别关注和认真学习的技术指标。

周K线系统包括周K线、周均线、周成交量等技术指标。笔者发现，周均线使用10周均线搭配MACD指标在实战中效果非常好。使用周K线系统判断大盘中期走势的方法很简单：10周均线拐头向上、同时MACD指标在低位形成金叉代表着大盘中期的行情；10周均线拐头向下，则意味着大盘中期走弱，尤其是如果MACD同时在高位形成死叉，则中线向下调整趋势不可避免。

上述使用方法甚至可以简单概括成一句话：指数站在10周均线之上才可以买入股票，指数在10周均线之下干脆空仓等待。

如果你想回家，只要认准了回家的路一直走下去就可以了。同样道理，想在股市里赚钱，只要知道趋势是朝哪个方向运行就可以了，没有必要拘泥于每一天的细小波动。坚持使用周K线系统，一年中做好一两次波段，足可在股市中实现中长期获利。

致股市投资者：

> 一不学习问题多，二不总结走下坡；
>
> 三不听话永亏钱，四不服气输更多！
>
> 不交学费未见过，要想赚钱拜师父；
>
> 如果你还做不到，离开股市找归宿！

第八节 新股上市时有哪些投资技巧

新股上市的消息，一般要在上市前十几天经传播媒介公之于众。新股上市的时期不同，对股市价格走势产生不同的影响，投资者应根据不同的走势来调整投资策略。

新股上市时，投资者还应密切注意上市股票的价位调整，并掌握其调整规律。

一般来讲，新上市股票在挂牌交易前，股权较为分散，其发行价格多为按面额发行和中间价发行，即使是绩优股票，其溢价发行价格也往往低于其市场价格，以便股份公司通过发行股票顺利实现其筹款目的。因此，在新股上市后，由于其价格往往偏低和需求量较大，一般都会出现一段价位调整时期。其价位调整的方式，大体上会出现如下的几种情况：

一、股价调整一次进行完毕，然后维持在某一合理价位进行交易。此种调整价位方式，系一口气将行情做足，并维持与其他股票的相对比值关系，逐渐地让市场来接纳和认同。

二、股价调整一次过后，继而回跌，再维持在某一合理价位进行交易。将行情先做过头，然后让它回跌下来，一旦回落到与其他股票的实质价位相配时，自然会有投资者来承接，然后依据供需状况来进行交易。

三、股价调整到合理价位后，滑降下来整理筹码，再作第二段行情调整，回到原来的合理价位。这种调整方式，有涨有跌，可使申购股票中签的投资者卖出获利后再进，造成股市的热络气氛。

四、股价先调整到合理价位的一半或2/3的价位水平即停止，然后进行筹码整理，让新的投资者或市场客户吸进足够的股票，再做第二段行情。此种调整方式，可能使心虚的投资者或心理准备不足的投资者盈利减少，但有利于富有股市实践经验的投资老手获利。

由此可见，有效掌握新股上市时的股价运动规律并把握价位调整方式，对股市上的成功投资者是不可或缺的。

当新股在股市好景时上市，往往会使股价节节攀升，并带动大势进一步上扬。因为在大势看好时新股上市，容易激起投资者的投资欲望，使资金进一步聚拢于股市，刺激股票需求。相反地，如果新股在大跌势中上市，股价往往呈现出进一步下跌的态势。

五、炒新股小心碰雷。万马电缆和桂林三金两只新股上市不久就低开低走，跌幅都达到4%，而桂林三金更是创上市后最低价31.48元。这意味着仅仅3个交易日，桂林三金就已经开始走下降通道，首日买入未出者全线被套，炒新的风险不言而喻。

逢新必炒一直以来都是很多投资者的炒股习惯，尽管监管部门不断地提示新股上市首日的风险，但仍抑制不住投资者的炒新热情。很多投资者认为炒新就是一项包赚不赔的生意，殊不知炒新背后蕴藏着巨大的风险。

事实上，任何生意都不可能包赚不赔，更何况是在千变万化的股票市场。数据显示，一些首日买入新股的投资者损失严重，亏损投资者比例达到51.28%，个别股票的投资者账户平均亏损比例甚至高达99%。总体来看，账户市值在10万元以下的投资者亏损程度最为严重，亏损金额高达1.97亿元。

而很多中小投资者对此还很痴迷，特别是一些刚刚进入市场的投资者，在不完全了解风险的情况下源源不断地加入初次炒新的行列。

对此，我们建议那些对炒新仍然执著的投资者：不要掉进炒新一定赚钱的诱人陷阱中，忽视了对公司基本面的研究，只有对新股仔细甄别、深入研究其投资价值后再进行投资才是理性的投资。

六、勿信新股不败神话。"炒新"是广大证券投资者并不陌生的词汇。长期以来，特别是近几年来，新股上市首日的炒作颇为盛行。在股价暴涨现象的迷惑下，投资者不仅容易忽视上市公司的基本面情况和专业机构的估值分析意见，也不关注上市公司和交易所的风险提示和临时停牌公告，盲目跟风炒作，结果高位被套，损失惨重。

从深交所金融创新实验室实证统计结果看，2006年6月至2009年6月期间发行的223只中小板股票，上市首日买入的投资者亏损比例过半，其中个别股票的投资者账户亏损比例甚至高达99%。

七、谨防炒新违规风险。在首日交易中，个别投资者为追逐投机利润，采用虚假申报、大笔集中申报、连续申报、高价申报或频繁撤销申报等方式引起股价大幅异常波动，殊不知此种行为已经涉嫌违规。深交所强化了上市首日交易监控和对重大交易异常账户的处理力度，并对证券公司在新股上市首日合规交易和风险控制中的责任与义务提出了明确要求。深交所将密切监控上市首日的委托和交易，并可根据市场情况采取进一步的风险控制措施；对存在违规交易情形的账户将依据有关规定采取限制交易、提请中国证监会稽查提前介入或立案调查等措施。因此，投资者要充分认识到违规交易的风险，做到依法合规交易。

（大趋势软件，已把上面所述程序化，明确给你下达当天的各种文字指令，只要你坚决执行即可。）

第九节　散户炒股要经过三重考验

一、要经得起寂寞的考验

在股市，往往高手都寂寞。因为高手不人云亦云，不成天打探消息，不随波逐流，对股市有自己的独到见解，在股市火爆时能保持清醒的头脑，在一片恐慌时能看到股市的机会，知道什么时候该进，什么时候该退。

有的人明明在低位买了一只质地不错的股票，由于庄家还没有完全建好仓，庄家还在反复洗盘震仓，有时庄家建好仓后要再在往下挖个坑，耐不得寂寞的人，往往忍受不了这个寂寞，有的在本该在坑里抢筹码的时候割肉跑了，有的在股票刚启动刚解套时就跑了，然后刚卖掉股票，股票就飙升，后悔不已，有人为此大骂庄家太坏。你想想，庄家不是雷锋，他是来赚钱的，在底部，散户忍受不了寂寞是很难赚着钱的，往往越是大黑马大牛股，在底部盘整时间越长。

二、要经洗盘震仓的考验

机构建好仓后，为了提高散户追涨的成本，一般会迅速拉高，脱离自己的成本区进行洗盘震仓，有时震荡非常厉害，短线和中线指标都会跌破。在这种情况下，高手往往能承受这种心理压力，会趁回调时继续加仓，而很多人在这个时候会选择抛出股票。有的人在高点没有卖出，跌下来后很后悔，于是乎不是在回调到低位时卖掉，就是在刚涨时卖掉，结果一只大牛股让他错过，被庄家甩下马，自己顶多赚点买菜钱。

三、要经得住各种诱惑的考验

股票市场天天都有涨停的股票，各种消息满天飞，真的假的都有，有的人分不清真假，四处打听消息，这个股票也好，那个股票也不错，到处都是黑马，真是满地都是黄金股，这个股该买，那只股也该买，光嫌自己的钱太少，而自己买的股票拿在手上，两三天不涨心里就着急了，就想卖掉去追疯涨的股票，结果一杀进去它就不涨了，刚卖掉的股票转眼就飙升，这就是"卖啥啥涨，买啥啥跌"。要知道，在股市里再多的钱都不算多，现在两市每天成交量超过2000亿，一两亿也控制不了一只股票，你能每只黑马都骑上？自己买的股票每天都涨停板？那是不现实的，就是机构大户也做不到。一波行情结束，大盘涨100%，你的资金也能增加100%就不错了，能增加200%就很不得了，能增加200%以上就成股神了。

所以说，要想在股票市场赚着钱，首先要提高自己的修养，摆正心态。股市里的水太多，够自己喝就行了。

第十节　走出三大误区，早日成为股市高手

2014年上证指数涨幅达52.87%，真正赚到钱者不多。

实际操作中的一些投资误区，股民朋友们往往不重视，然而正是这些误区，最终造成投资者不断重复"买入→套牢→解套→再买入→再套牢"的恶性循环。

误区一：炒股不用学习。适不适合继续炒股，笔者认为有一个很容易判断的标准，就是这次买股票比上次有没有进步，自身的投资水平有没有质的提高。如果没有，那还是收手为好。否则，你怎么能保证这次就不会重蹈覆辙呢？我经常碰到这样的人，他们有强烈的赚钱欲望，但是根本不想学习，只想知道哪只股票买了能赚钱。

股市投资不是光凭着捣捣糨糊、搞搞关系、弄点小道消息就能赚钱的。买和卖的操作几分钟就学会了，但是买卖时机、投资对象、碰到问题如何处理等可不是一两天就能学会的，也不是光在股市里耗时间就能自动学会的。不学习，不善于思考，只凭时间积累的经验往往是错的或不全面的。

据媒体调查显示，2014年7-12月的大牛市行情中，仅有三成多的投资者有收益，大多数的投资者亏损。是什么原因导致这么好的行情也有这么多人没赚钱呢？真实原因就是这些亏损的投资者大部分在其间未进行投资知识的再学习，他们的投资理念还保持着以前的追涨杀跌的熊市思维。

误区二：风险与收益不对等。企业劳资讲究权利和义务相对等，你为企业做出多少贡献就该得到多少报酬。股市投资中风险与收益也符合这种对等性，不对等的风险和收益关系无法求得好的收益。熊市中一些股民一旦股票被套了，就不管了，任其下跌和风险无限扩大。而到了牛市，被套的股票稍有好转，就急急地解套抛出赚取小利，哪里知道后面才是真正的大行情，原来承受

的大风险最终未得到相应的回报。在股市上涨的后期，却又雄心勃勃地想大干一番，这时风险已经巨大但收益有限。在投资的过程中不考虑风险与收益的对等，为了高收益想象而投资，当时就已然错了，最好要有点风险与收益对等的思维才好。

误区三：吃着碗里看着锅里。在耐心持股时，大部分人往往有较理性的判断。一旦条件符合了，却一下子推翻自己原先的观点，变得贪婪起来。在个人投资股市的过程中，一没纪律约束，二没人监督，这时人性的弱点暴露无遗，并且被极大地放大。往往好了还想更好，赚了还想再赚，最好是所有的利润都归于自己囊中，这样的思维在股市中是要不得的。真正聪明的庄家会留一部分利润让别人去赚，这里面其实是有大智慧的。留一份利润给别人，留一份清醒给自己，发现自己的人性弱点，不断提高自身修养，好日子来了才不迷茫。

走出以上三大误区，你离高手就不远了。

第十一节 向市场学习，拜市场为师

你想做股市高手，想在股市中赚大钱，就必须听市场话，跟市场走，别无其他捷径可走。因为市场决定一切，市场指挥一切！

大家知道，国务院有两套"班子"，一套研究政策面，一套研究技术面。他们都是院士级的人物，不是经济学家就是大学教授，不是博导就是权威，他们给国家经济把脉，给国务院提供建议。

证监会也有两套"班子"：一是政策研究室，二是技术研究室。他们是各尽其职，把他们的研究结果提供给证监会的核心领导，供重大决策时参考。

各大证券公司、上市公司、公募基金、私募基金、海外机构等也有两套班子，一套研究政策面，一套研究技术面。

但是他们中的一部分人对"市场"二字都未彻底弄懂，也没有研究透，有时也会犯这样或那样的错误，给中国股市带来不可弥补的损失，主要原因就是他们，不听市场话，不跟市场走，不向市场学习，不拜市场为师。

作为一般投资者，你想在股市中赚到大钱就必须做到：

> 听市场的话，要坚决做到不折不扣！
>
> 跟着市场走，要坚决做到寸步不离！

否则就请你离开股市吧，你一定会问为什么，答案是：不听市场话，你在股市难赚钱。

故我们提倡大家向市场学习，拜市场为师！

第三章

走向成熟篇

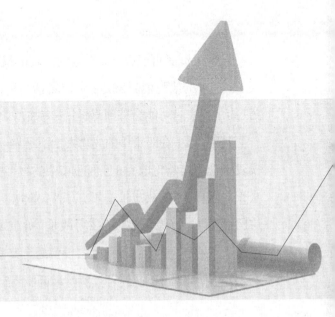

第一节　怎样才能达到投资的最高境界

很多投资者可能会想，要达到投资的最高境界一定有什么奇招妙计。可事实上，投资的最高境界就是：听市场话，跟上升趋势走。除此之外没有其他技巧。有的投资者可能会感到奇怪：没有技巧如何能在股市中盈利呢？

其实，很多在股市中的成功人士不是靠一时的小技巧盈利的，而是靠正确的投资理念保持稳定收益的。而股市中的很多投资者学会了"十八般武艺"，每日全天候操作，买进卖出忙得不亦乐乎，却并没有成为一代富豪，甚至亏损累累。这已经说明，最高明的投资技巧就是"听市场话，跟上升趋势走"，也就是能够超越一般的技巧、凭借着正确的投资理念来获取长期稳定收益方法。

如何听市场的话，拥有投资的最高境界？要做到以下三点：

一、简单最好

股市赚钱方法就是买一招和卖一招，如果你能把这一买一卖做得恰到好处，你就是股市大赢家。

股市投资者常常将简单的问题复杂化，其实简单的就是最好的。最赚钱的股经最简单，最简单的炒股方法就是：买一招和卖一招。

二、熟能生巧

运用自己最熟悉的太阳理论，在自己最熟悉的市场环境投资自己最熟悉的股票，这是最容易获利的方法。对那些故弄玄虚、花样翻新、雾中看花之类的所谓绝技、绝招，则最好不要去碰。

股票和人一样，每只股票都有各自的性格。若投资者长期炒作某只股票，往往能十分了解其股性。即使这只股票素质一般，表现平平，熟悉该股股性的投资者也能从它有限的波动区间中获取差价。如果某只股票外表一时极为光鲜，投资者贸然买进后由于不熟悉该股股性，在它调整时不敢补仓，在它稍有上涨时就急忙卖出，即使这是一匹黑马，投资者也很难从中获得较高的利润。

三、不犯两次同样的错

在股市中，没有不犯错的人，但一定不要被同一块石头绊倒两次。多数投资者往往要被同一块石头绊倒多次，这些投资者的才智能力是不用怀疑的，但如果失败的次数太多了，就需要反省和改改原来的习惯了。

总结经验教训可以发现自己的弱点所在，同时也为自己在股市中找准了位置，便于自己在合适的时机选择合适的方法实施合适的投资策略。成功的投资者在失败之中善于总结教训，能够静下心来解读和认识中国股市，避免重犯错误。因此，成功的投资者是不会被同一块石头绊倒两次的。

第二节　实战时为什么必须掌握三种操作方法

我们所做的一切分析准备工作最终都将落实在临盘实战上，所以需要几种高胜算的操作方法来执行经全面分析而得到的结果，这样才能把握住我们的目标股——潜在的黑马或是牛股。

笔者认为，把上升后第一拐点的低点定为零点，以零点算起，所谓黑马是指10-40个交易日内上涨100％以上且突破阻力位后回调不大于10％的个股、带量顺势调整或小于45°角突破的暴涨股，牛股是指3-12个月内上涨

100%以上呈缓慢上升趋势的个股。

一、相对低位操作

在大盘运行的不同阶段，个股的相对低位股价构成原理是不同的，低位的确定是一切操作的基础。一般来说，市净率小于1.5倍就是安全的可操作价格区域。相对低位是指可操作价格上下30%空间以内，此阶段应以满仓现价交易为主。具体是在可操作价格出现后半仓进入，在零点确认后满仓，必要时可以高挂狙击涨跌停板。此时不提倡所谓的高抛低吸，以免变成低抛高吸，因为满仓等待获利是惟一目的。此阶段的目标股首选多波大形态整理完毕和历史走势大气完美有规律的"三暴"股。其次是缩量运行内部子浪清晰完整的个股，选择这类目标股的前提是，其运行速度最快或累计跌幅最大，处于领跌或领涨板块中技术信息最多而价格最低或流通市值最低。

二、相对中位操作

中位是指零点之上40%-70%的空间，在这个区间个股已开始分化，黑马和牛股已经可以清晰地分辨，此时应结合自己的个性和操作理念及时调整持仓，这个阶段也是最考验实战功夫的时候。

此时操作黑马股应把历史走势、短期时间之窗、资金进出、获利率等综合因素，与现价和阻力区的位置关系结合起来，在拐点信号得到确认时采取全仓一次性进出的操作方法。操作牛股应以半仓资金在价格重合带之上或之下的第二或第三上升拐点量缩时介入，无须助跑就放量突破时将剩余半仓补齐，等待下一个高点或阻力区的到来，届时采取半仓出局半仓持筹的方法来应对可能的头部或再创新高。在中位区还有一种牛股和黑马的混合变形体，就是空头陷阱形成后直接放量上攻导致上升速度和角度改变的有黑马相的牛股，同样值得操作。

三、相对高位操作

高位是指零点之上80%以上的空间，在这个区间有的股票已经开始做头，有的股票在高位突破阻力位后还能再创新高，所以我们要及时发现究竟什么样的调整方式才是能够再创新高的信号。调整的方式和具体形态多种多样，我们关注的重点是调整的时间、角度和幅度，调整时间最短、调整角度上倾或下倾角度小、调整幅度小和下倾角度大调整幅度大的股票为最佳备选品种。

首选信号是调整时间少于5个交易日的带量做顺势调整或旗形整理后第一根大阳线就巨量涨停；其次是发生在重要的价格回调带和资金成本带上各种整理形态支撑线上的巨量涨停；再次就是整理形态内部子浪清晰完整的压力线上的巨量大阳或涨停突破。相对高位操作实际上是在博最后的升浪，所以应采取半仓一次性进出的操作方法，尽量不要继续追加仓位。具体就是出现信号的当日及时介入，在预先计算的阻力区内滞涨或阻力位被验证后卖出。

在大盘运行的各个阶段都有处于相对低、中、高位的股票，理论上都有值得操作的个股，但是受制于我们的精力和能力，我们仅能发现其中的一小部分，更多的股票只能是欣赏，甚至在精心挑选后我们恰恰买进了走势最弱的一只股票，诸多的遗憾始终伴随着投资生活，只有不断地学习和总结才能减少这种遗憾。

第三节　一根K线止损法有何意义

短线投资者认为，股市是投机的市场。身为赌徒想要和庄家短线搏击拳来脚往，你要小心，想咬庄家一块肉，庄家却想要了你的命。在金融市场的基本生存技能必须经过辛苦的学习才能掌握，在股市里你只有想办法挤进英雄榜，不能被摆到忠烈祠。

一、当我看到有人因为套牢而痛苦的时候，笔者都会告诉他，你现在需要学习，需要总结，你进步的空间还很大。为什么这么说呢？因为笔者也曾经经历过那种痛苦才学会割肉止损。股市的第一课不是买进而是止损，没有止损的观念你是没有资格进入股市的。不知道止损等于没有学好技术分析，不会执行止损等于你还不会操作。

二、股市的法则是，赢家不到百分之二十，而这百分之二十的赢家赢的秘诀就是知道错了要改，而且改得比任何人还要快。

快到何种程度，短线投资者，快到只要损失一根K线就立刻止损。

我绝对没有说错，短线投资者，只要损失一根K线就立刻止损。

因为进场也是一根K线的（相对低位），这根K线可能是盘中的5分钟线或是30分钟线，最长的就是日线的K线点。

也就是说当你买进之后只有立刻脱离成本上扬，连回调都不可以。

可能吗？有人可能做得到吗？你是不是在讲笑话？笔者写了这么久的文章，你觉得笔者在开玩笑吗？

三、割肉止损的方法很多，但这种是最犀利的止损法值得你去练习。也只有这一种方法可以快速增加你的功力，其他方法都没这个方法有效。

止损的观念通常大家都有，只是不会执行、不想执行罢了，因为通常到了你的止损点的时候都或多或少有了一定损失，这时候你可能会有下不了手的问题，结果因为一迟疑稍待一会就又增加损失，到最后变成套牢一族了。笔者见过很多买进后因套牢以至于断头断脚而愿赌不服输的，却很少听到因为执行一根K线就止损的炒股者。

四、如果买进后跌破这根K线，那表示你的进场点有问题，你应该快速离开再等待下一次进场的机会。刚开始执行这种操作时，你一定会一直下单止损，不过在你不断的下单中你会突破一些观念和领悟到一些诀窍。

五、慢慢地你会很慎重地选择进场点。除非有八九成的把握你不会轻易出手，练习到这样的程度你就成功了。你会减少很多不必要的进场点，也不会乱买股票，这种抓住进场时机的决窍一但成为习惯，你的进场点往往都是起涨点。这时反而不容易再出现止损的动作，只剩下止赢的问题。

避免套牢的唯一法宝就是割肉止损。一根K线止损法就是避免套牢的法宝。小损失跑了哪来的套牢问题？没有套牢哪来割头的问题？

第四节 学会空仓是股民的必修课

因为股市总是在涨涨落落、起起伏伏中前进，而投资者又只能通过低处买入、高处卖出才能实现赢利，如果只是一味地持有不动，就犹如坐上了过山车，上去下来，处处被动，终点又回到起点，这还算是轻的。

因为上市公司的脸变得是那样地快，阴晴不定，变化多端。一旦将钱圈到了手，一年赢利，二年持平，到第三年就亏损了……这样的上市公司屡见不鲜，比比皆是。而我们这些忠心耿耿的期望投资回报的小股，就只有伤痕累累、血本无归。为何？究其原因还是不会空仓。兵法云：三十六计，走为上。

在我们账面赢利时，应及时获利了结，空仓等待。往往在我们期望着上涨一点，再上涨一点时，行情就结束了，股价调头向下将我们套住了。

因此在下跌时，我们应果断斩仓出局，壮士断臂。往往在我们期待着反弹一点，再反弹一点就出时，股价越等越跌，越跌越等，从后悔、愤怒直至绝望。而此时，冬天的日子才刚开始。

很多时候，其实我们已经看出了苗头，但理智战胜不了感情，想必很多朋友也和我们一样吧。

学会空仓，就可以化被动为主动。学会空仓，耐住诱惑，等待时机。学会空仓，短线出击，见好就收。学会空仓，才是高手！学会空仓，才算高手！

第五节　股市赢家的十大铁律是什么

股市中有无数先行者，他们的成败得失值得后来者总结与借鉴。而其中的规律，对指导我们今后的投资是大有裨益的。

一、以"我"为主，培养自己独立思考的能力

投资者首先需要修炼内功，并在股市的实践中逐步树立信心。我们在股市中经常看到这样的人：昨天还发誓要紧紧捂住某一只股票，今天却早已更换成另一个筹码，后日也不断改变主意，而后市个股走势却证明其原有思路无比正确。我们认为出现这样的结果，是投资者没养成以我为主、独立思考的好习惯所致，总是人云亦云，盲目跟风。

二、关注政策，判研大势

实践证明，对股市真正能起决定作用的仍是政策及国际环境的影响。例如，2008年美国次贷危机全面爆发，并引起全世界金融市场剧烈动荡，而国内一系列经济刺激计划的出台，则带动相关板块和个股甚至整个市场大幅反弹，从2009年年初直至2009年8月上旬止。

三、深思熟虑，果断出击

投资者为避免盲目和仓促地追涨杀跌，应学会三思而行，在深思熟虑

后，果断出击。如面对2014年年初的行情，沪深两市大盘触底反弹后的加速上行，以及诸多题材个股的大幅上扬，若不加思考地追涨，很容易成为套牢一族；而一旦选准了个股，在该股回落至自己的心理价位后，就可果断出手。

四、减少操作，力求全胜

在股市中并不是操作得越频繁收益就越大，多劳并非多得。如果不是短线高手，操作次数越多，失误也会越多。而失误越多，心态就越差。心态越差，操作失误就会更多，如此就形成恶性循环。若坚持每年进行少有的数次操作，准确出击，并注重低吸有序、高抛有节制的策略，相信你的操作能力就会不断提高，而且收益也会放大。

五、持股勿多

笔者有一位朋友用近100万元的资金买了30只左右的股票，望着她那张整日忙碌得红艳艳的脸，笔者从心里为她着急，因为她的持股太多太分散了。笔者认为，持股太多首先表明投资者在投资前，没有做好必要的准备，诸如必要的学习、交流和研判；其次，在初次投资遭受损失后，没有选择正确规避风险的措施，误认为"大就是金，金就是好，好就是稳"，而不是缩回拳头，集中资金，集中精力，专注少数个股。每个人的精力有限，切不可作茧自缚，事倍功半。

六、掌握好买卖时机

投资者先要去掉"贪"字，静下心来，认真寻找和追踪可能的潜力股，准备介入；如果手中持有的股票不断攀升，应调整心态，平静心绪，理性思考，把握卖出时机。技术上，如拟买进，投资者应观察个股指标如RSI、KDJ等是否已在钝化区域，要确定之后，再结合其他因素考虑，方可耐心吸筹。如拟卖出，则应分析成交量的放大规模，关键指标是否高位钝化，放量时股价是否不升甚至调头。此时，若贪心大发，风险必大，赚钱梦必破。

七、劳逸结合，看不懂时就等待或空仓

市场永远有机会，但风险无时不在。投资者久战股市，不注意休息，往往会失手。休整是为了以后更好地战斗，这也是理性投资的范畴。宁可空仓观望，去做些分析和研判的工作，也不可心神不定、坐卧不安地持股，那如同每日蚕食自身的精力。记住，空仓不是吃亏，是抢先规避风险、伺机行动前的必要准备。

八、少些凭空遐想，多些心理分析

许多投资者获利不知了结，套牢后不晓得及时止损，满脑子是一厢情愿式的单相思，总是自我安慰地认为庄家还会拉升的。其实，这些投资者连震仓与出货都区分不出。这种幻觉变成幻想，从而演变成美妙的遐想，再由遐想真正落实到瞎想，结果被动得不可收拾。为了避免这种失误，辨别主流资金出没的真伪，就应该加大对管理层制定政策的心理研究，如政策出台的条件是什么？政策出台的根本动机是什么？主流资金是如何理解和判别管理层心理的？普通投资者又是如何想的？还可以将此心理思维模式引申到板块、行业及个股当中，如此，将不难发现许多技术分析中难以得到的收获和惊喜。

九、自找麻烦，自寻烦恼

多次事实证明：股市中赚钱很快，但亏钱也很快，而且，每次亏钱都是赚了钱后洋洋自得之时发生的。投资者总沾沾自喜于一时之得，这是不可取的。但更重要的是失误后要善于总结，要自己给自己出难题，而不是简单地后

悔，不是单纯地承认失误，要避免再一次犯同一种错误。

自我剖析，学习他人之长，补己之短，看似自寻烦恼，自找麻烦，其实是塑造成功的自我。记住，人不可妄自菲薄，更不可狂妄自大。

十、不求完美，只求收获

股市中不可能要求完美，而要有积小胜为大胜、积小赢为大赢的精神。永远记住，和你打交道的另外一个人比你聪明，这也是戒贪的一种方法。

最后总结是：成熟的投资者起码应做到以下几点：

1. 一看牛熊，研判大势。

2. 二做波段，中线为主。

3. 三知头底，高抛低吸。

4. 四判趋势，顺势而为。

5. 说长做短，预测未来。

6. 底是跌出来的，不是测出来的；顶是涨出来的，不是想出来的。

7. 技术分析不是万能的，没有技术分析、不重视技术分析是万万不能的。

8. 铁律执行股市的市场规律。

顺规律者——赢；逆规律者——输！

一般较成熟的投资者还要做到：

1. 首先交一些学费给庄家（赔钱）；

2. 然后开始思考（找到赔钱的原因——了解到市场规律的重要性）；

3. 继而领悟（找到正确的解决方法——要掌握、学习市场规律）；

4. 不断成长（学习解决问题的方法——要按市场规律办事）；

5. 迎来成熟（找到并学会解决问题的方法——铁律执行市场规律）。

直到把交给庄家的学费，从股市里要回来。只要你坚持下来，总有一天你会发现这过程虽然辛苦却是值得的。

第六节　给新股民十条建议

今年是笔者进入股市的第二十个年头。回顾笔者的炒股经历，作为一个老股民，我想对初入股市的新股民们提出十条建议：

一、老话总是有道理的。"股市多风险，投资须谨慎。"这是原则，却常常被"春播一粒粟，秋收万担粮"的过高期望值所诱惑，导致在实际操作中抛诸脑后。但老话总是有道理的，一定要常记心中。

二、炒股资金最好是"专款专用"的闲钱，不要因为炒股影响生活质量，不要无节制地盲目追加，更不能挪用不属于自己的钱来炒股。

三、不要轻信那些小道消息，只有仔细观察、独立思考、认真判断，才有可能拨开云雾、去伪存真。

四、所有的专家点评、证券分析都只能供参考。脑袋要长在自己的肩膀上。要相信自己的眼睛，不要相信别人的嘴巴。

五、不要急着买股票，要克制买进的冲动，三思而后行。宁愿错过机会，也要避免因为被套而不能自拔。

六、股市仿佛过山车，涨的时候通常很慢，但跌的时候往往飞流直下，所以买进股票后要有信心，要学会捂股，情况不对时一定要果敢行事，赶紧抛出。

七、股市如潮汐，涨多了自然要跌，大跌之后也必定会反弹。从长线投资的角度来说，买进最好是在持股者几乎全线被套、哀鸿遍野的时候，卖出最好是在大部分持股者获利丰厚、高歌猛进的时候。

八、不要过于贪心，以为能在行情到达最高点时卖出股票，也不要以为每次都能成功抄底，这不过是美好的幻想而已。

九、在股票没有卖出之前，不要因为账户上显示的盈利而沾沾自喜，这些利润你未必能真正到手，股市风云变幻，说不定行情会突然下跌。

十、不要把炒股当作生活的重心，你的家庭、你的工作都比股票重要。炒股其实就是炒人性。保持好心态，淡然看股市，赢的机会反而更大。

第七节　什么是成功的看盘

学别人的理论、听别人的讲解固然重要，但关键还是要找到适合自己的方法和理论。除了在实战中磨练以外，应该把主要精力放在研究市场，研究数据、图表和现象上，总结出符合市场规律、真正有实战价值的东西。任何成功人士都是对现实市场有深刻认识和精辟见解的，这是真理。命运掌握在自己手中，实践出真知。趋势第一，行动第二。

一、看对大趋势是操对盘的重要基础。坦率地讲，说比做要容易得多。谈大道理、对人讲理论讲得头头是道的人比比皆是，很多人是站在前人总结的经验上大谈特谈趋势和各种分析流派的演进；但是真正行之有效的属于他自己的东西有多少？也许这种东西归纳起来只有寥寥数字，但毕竟是实质性的，远比面对着2000多只股票品种空泛地谈要强。比如有人简单到用短期均线多头或空头来指导操作，且胜率很高，最简单的方法往往最有效，却有可能被你忽视。由于金融交易市场的本质是一种数字游戏，那么不论是炒股，还是炒期、炒汇相对应的必然有大部分人亏损，但是值得肯定的是运用好战略、战术最终亏少赚多，积少成多，完全可以做到。

二、对于炒股的难度，难在难以把握未来的不确定性，国内外普通投资者的技术分析瓶颈，就是如何使利润最大化。有个比方，庄家每天都在大家面前运作，股票价格走势的每一秒每一分的表现都反映在软件动、静态的分时走势图和K线图上，好比是主力每时每刻当着大家的面把一楼的箱子搬到二楼三楼，但还是有那么多人没坐上轿子，难度由此可见。面对着困难就要找出克服困难的办法。

三、市场规律指的是特定的因果。毋庸置疑趋势是存在的客观事实，把趋势等同于规律是一个误区。趋势等同于规律，是因为随着趋势延续，延续这种趋势的概率会越来越小。但趋势是不是规律和它是否有用是两回事。人们重视趋势，是因为它十分有用，胜算大。各种依靠技术形态而产生的分析方法，只是一种靠已有的历史图表去推测未来的参考手段，但这种手段被证明是人类智慧的体现。

炒股的难度体现在：

1. 要持续赚钱，保持常胜，体现为只要有趋势向上的机会或多或少每次都能有收益；

2. 要收益显著，参与上涨机会中涨幅最大或涨幅排前几名的品种。市场中能够达到此种要求的人凤毛麟角。有些专家或股评家本身未必没有经验和过人潜力，只是他们事务过多分散掉了精力。即便是职业炒手的那些代客理财人士，在实战过程中也有手忙脚乱的时候。因为做股票有个冷静的研究分析的过程，此外还得有临盘操作随机应变的过程。身处繁杂的环境，应对繁杂事务必然分心，何况人的精力有限，加上部分个股的过分曝光，使得庄家的反向操作成为必然，所以很多在市场中露面的"股神"、"能手"一旦经过一段时间的公开操作往往要褪去原来的光环。这不是说他们没有水准，而是像练武的人，"拳不离手曲不离口"，一旦精力分散必然大失水准。炒股也要先学好艺（技术），积累出一定经验，在牛熊市的实战中反复演练，水准方能水涨船高，此外别无他法。

3. 面对困难在意志和精神上不能畏惧，因为总有人在这个高风险的市场成功，要争取成为其中的胜者，勇敢地去解决困难。操盘第一难在看盘，第二难在情绪的波动。市场品种繁多，需要耗费脑力筛选，分析清楚主力意图的难度也大。很多盘面现象是并不符合逻辑的，想破译庄家操盘手诱空诱多的手法，光凭技术分析和各类消息来对付是不够的。主力反技术操作并利用假消息诱空诱多时时发生，使人防不胜防，市场的波动上涨首先是由主力配合各类政策导向来调控的，甚至是某一个集团同时在操纵引导几个板块甚至整个市场。难度如此之大造成大众的投资失误当然是常事，不必太过自责，因为股市中机会很多。

4. 什么是成功的看盘？在众多个股中找出自己要操作的品种，并确定持有时间和买卖的依据，考虑是做分散组合还是满仓进出激进做短线等。看盘就是分析几个最基本要素的过程：人—时间—价格—能量。看对盘是操对盘的重要基础。至于看盘所要运用的各类技能就不是简短篇幅能够叙述清楚的，里面包含的内容很多，甚至对有些职业机构的做盘方式都要了如指掌。

5. 最后强调一点，想在股市中赚到大钱，一定要先付出时间、精力、金钱，成功的看盘口诀是：炒股简单化，要听市场话，如果不赚钱，还是不听话（指不听市场的话）。

第八节　牛市行情怎样操作

2014年7月份开始，两市大盘已经进入主升浪行情中，也叫牛市行情，主升浪行情属于绝对不可以踏空的行情。股市中对于不能踏空行情的投资方式有两种：一种是在行情尚没有启动的阶段中逢低买入，另一种方式就是逢高追涨。

在大多数市场条件下，不追涨是一种稳妥的投资方法。但是，在牛市行情中，不追涨反而成为僵化的投资思维。在牛市行情中，许多投资者常常抱怨自己选中的股票已经涨高了，所以不敢或不愿追高买入。可是历年来的强势行情中都存在一种长期有效的规律，那就是强者愈强、弱者愈弱的马太效应。牛市行情中越是投资者不敢买进的强势股走势越强，越是投资者敢于买进的弱势股越是难以表现出像样的行情。

因此，当进入牛市行情后，投资者需要采用追涨的操作方式。追涨操作必须要制订周密的投资计划，并且采用适宜的投资技巧：

一、追涨的操作方式。投资者在牛市行情中实施买入操作时需要转变思维，不能再完全拘泥于业绩、成长性、市盈率等进行投资了，而是要结合上涨的趋势来选股。具体来说，就是要选择更有盈利机会的个股。另外，投资者也不能看到个股放量涨升了就立即追涨，有时候即使个股成交量突然剧烈增长，但如果资金只是属于短线流动性强的投机资金的话，那么行情往往并不能持久。因此，投资者必须对增量资金的四个方面进行综合分析，这四个方面包括：

1. 资金的规模与实力；

2. 资金的运作模式；

3. 资金的运作水平；

4. 资金的市场敏锐程度。

只有在个股的增量资金属于实力雄厚的主流资金时，才可以追涨操作。

二、追涨的资金管理。即使看好后市行情，投资者也不适宜采用满仓追涨的方法，稳健的方法是：投资者可以用半仓追涨，另外半仓根据行情的波动规律，适当地高抛低吸做差价，由于手中已经有半仓筹码，投资者可以变相地实施T＋0操作，在控制仓位的同时，以滚动操作的方式获取最大化的利润。

三、追涨的赢利目标。追涨的过程中需要依据市场行情的变化设定赢利目标，设置目标时要考虑到市场的具体环境特征，从市场的实际出发，洞察行情的根本性质，大致分清行情的类型，研判行情的上涨攻击力，并根据这些因素最终确定赢利目标。到达赢利目标位时要坚决止赢，这是克服贪心和控制过度追涨的重要手段。

四、追涨的风险控制。由于追涨操作相对风险较大，所以对风险的控制尤为重要，一旦大势出现反复或个股出现滞涨，要保证能立即全身而退。这需要投资者掌握三种投资原则：

1. 在追涨操作前的制订投资计划中，止损位的设置是必不可少的部分。

2. 在追涨操作时要对行情和个股的可持续涨升动力进行评估，据此测算风险收益比，当风险大于收益时要立即停止操作。

3. 在追涨操作后，要严格执行投资计划中的各个操作环节，特别是其中的止赢和止损操作计划。

第九节　平衡市行情怎样操作

平衡市即通常所说的"牛皮偏软行情"，是一种股价在盘整中逐渐下沉的低迷市道，一般成交量都很小。对于炒家来说，出现这种市况期间是招兵买马、整顿旗鼓的大好时机。也就是说，在股价盘软、交投清淡的时候，不宜太迷恋市场，而应当趁此机会做一些细致的研究工作，包括对各个上市公司的调查和比较，对宏观经济情况的分析以及对一段较长的时间以来大市所走过的历程的详细的图表分析。通过这些在作战间隙的研究工作，可以使自己比较清楚地了解到大盘所处阶段以及发现一些潜质好的上市股票，以便下一个机会到来时能准确地抓住战机。

那么，假如当市场进入牛皮偏软状态时你还没有来得及从市场上脱身，该如何进行日常的操作呢？

这要分几种不同的情况来对待：

先来分析一下牛皮偏软行情出现在股价相对高位时的情形。一般来说，在相对高价位区，股价横向盘整是盘不住的，尤其是在人气逐日消散、成交渐渐疏落的情况下，走势非常危险，后市很可能在连续几天的阴跌之后出现向下的加速运动。所以，这时的操作策略应当是坚决离场。当然，有一种情况是例外的，那就是大多头市场中的强势调整。在强势调整中也会出现股价的高位横盘和成交量的萎缩，调整之后股价却会继续上升，这期间显然不能采取坚决离场的策略。强势调整容易与高位的牛皮偏软行情区分开来，区分的办法是观察三方面因素。

1. 观察成交量萎缩的程度。牛皮偏软行情中对应的成交量是极度萎缩的。而强势调整期间的成交量虽大幅萎缩，但由于人气未散，会比较活跃，成交量不会太小。

2. 市场对利好消息反应的敏感度。在强势调整的过程中，市场对利好消息的反应仍然相当敏感，对于个股的利好消息往往会相当强烈地体现在其股价的波动上。而在高位的牛皮弱势期间，市场对于利好消息反应相当迟钝，有时甚至根本不理睬市场上的利好传闻，个别情况下还有可能把实际上是利好的因素当做利空来对待。

3. 强势调整一般不会历时太长，而在高位的牛皮弱势则可能会维持比较长的时间，直到股价磨来磨去，把多头的信心磨掉之后，股价就会跌下来。

其次，我们来研讨一下在中间价位出现牛皮弱势时的操作策略。作为一般性的原则，在中间位的横盘向上突破与向下突破的可能性都有，因此应当在看到明确的有效突破之后再顺势跟进。不过这只是一般性的原则，在多数情况下，发生在中间价位牛皮弱势往往最终会向下突破。其原因一方面可归结为弱势的惯性；另一方面，由于人气已散，市场上看好后市的资金不多，如果没有一个较大的跌幅出现，持币者是不肯在此价位轻易追高入市的。所以，在上述一般性原则的基础上，还应当注意不要轻易追高进货，见反弹及时减磅。在此期间，区分反弹与向上有效突破不是很难：反弹行情中成交量的在低价位投机股上的分布较多，而向上的有效突破应当是一线优质股价升量增，并且这种价升量增的程度远远大过二、三线股。

最后，我们讨论大市在低价区出现牛皮弱势时的对策，在低价区出现牛皮偏软行情是大额投资者可以趁机吸纳的大好时机。因此，在此期间斩仓操作是不明智的。笔者推荐的做法是每次见低时分批次地少量吸纳，见高不追，也就是说可以当成短线来做，如短线因无出货机会而被暂时套住则可越跌越买。吸纳的对象宜以优质股为主，手中如还有长期被套的投机股也最好将其换成一线优质股。

总而言之，在高价区出现牛皮弱势时勿存幻想，在低价区出现牛皮势时要有信心，再需要一点耐性和警觉，就基本上能处理好这一类行情的操作了。

第十节　熊市行情怎样操作

在熊市中操作要注意下面三点：

一、在熊市中股价的主体趋势是向下的。因此熊势中的主导策略应是抱住现金，看准反弹做个短线，并尽快平仓离场。千万不要以为股价出现反弹就会升到哪里去。能博到一点短线差价就已经很不错了。不要怕买不到股票，也不要以为股价跌了这么多，已很便宜了，买了套住也不怕，这些想法是很害人的。长期弱势所能达到的低价往往在我们的想象之外，股价跌了可以再跌。因此，抢反弹一定要在看准的有效支撑位处买入，看不准时宁可错失短线机会，也不宜在跌势未尽时束手被套。

二、进行短线操作不能不仔细研究K线图。K线图是一种记录股价走势的特殊市场语言，每一根日K线相当于一个短语，描述了当天的股价变化情况，由许多条K线构成的图形则相当于一个语句。精通K线的人会从图表上读到"看涨语句"、"看跌语句"及"不明朗语句"。在看到"看涨语句"时进场买股票，看到"看跌语句"及"不明朗语句"时在场外观望。必须在跌势中保存实力，同时又能赚一点短线差价，只是K线图这门语言相当深奥，需下功夫去研究。不过为了利润，多下点功夫是值得的。关于K线图的解析很多书籍都有论述，这里不多费笔墨。当然除K线图外其他的技术分析工具也需参考。

三、股市是一个风险市场，因此入市者应对所面临的风险进行细致的推敲，并预先想好对策。做到这一点才能在亏损时不慌不乱。股价不会永远上升，也不会永远下跌，股市最悲惨之际就是最佳入货时机，因此不要因亏损而乱了方寸，应审时度势，在跌势中保存实力，股价见底时大胆出击。胜败乃兵家常事，为将来在逆境中应保存有生力量，以图有朝一日重整旗鼓，东山再起。

第四章

实战篇

第一节　技术分析的"理论"基础是什么

技术分析是以预测市场价格变化的未来趋势为目的，以图表为主要手段对市场行为进行的研究。市场行为有三个方面的含义：价格、成交量、达到这些价格和成交量所用的时间。技术分析有三个基本假定或前提条件，三个理论前提是：

一、市场行为包容一切

包容性是技术分析的基石。技术分析者认为，能够影响股价的任何因素——经济的、政策的、心理的等等，实际上都反映到价格及其成交量上了。

技术派研究市场运行的结果，基本面派则追究其前因。技术派当然知道市场涨落肯定有原因，但他们认为这些原因对于分析和预测无关痛痒。既然基本面信息已经反映在价格之中，那么再研究它们就多余了。图表分析抄了基本面分析的近道，反过来却不然。

许多技术分析者不愿意接受多余的信息，因为它们有可能影响或干扰他们研读图表的工作。

技术派认为，在出入股市具体时机的选择方面，技术分析更有前瞻性和可操作性。当一个重要的市场转折初露端倪时，市场常常表现得颇为奇特，从基本面上找不到理由。而技术派此时却比较自信，当大众常识同市场转变牛头不对马嘴时，也能够"众人皆醉而我独醒"，应付自如。他们乐于领先一步，当少数派，因为他们明白，其中原因迟早会大白于天下，不过那肯定是事后诸葛亮，他们既不愿意也没必要坐等，错失良机。

二、价格以"趋势方式"演变

趋势是技术分析的核心。技术派研究股价图表的全部意义，就是要在一个趋势发生或转折的早期，及时准确地把它揭示出来，从而达到顺势交易的目的。为什么股价会以趋势方式演变呢？技术派认为，这当然是牛顿惯性定律的应用。为什么股价涨高了之后会转势下跌呢？据说这是牛顿的地心引力的作用。

随机漫步派代表马尔基尔认为，技术派有关趋势持续的可能原因有二：第一是群众心理的直觉天性。当投资人看到热门股节节上涨，就急着想加入抬轿，所以涨价本身造成未来涨价预言的实现。第二是因为公司基本资讯取得的不公平现象。某些有利消息发生时，总是内部人士最早知道并买进，造成股价上涨。他们再告诉他们的朋友，朋友跟着买进，然后专业人士得到了消息，大型机构法人大量买进。最后你我这些后知后觉者也知道了并跟进，使价格涨得更高。有利多消息时，这个过程使价格逐渐上涨；反之，则逐渐下跌。

尽管马尔基尔的观点能够部分地解释个股上涨或大盘短期上升的原因，但并不能解释股市长期趋势的成因。自1996年以来，我国股市大体上也呈上升趋势。这些用"群众心理的直觉天性"与"基本资讯取得的不公平"是不足以解释的。艾略特曾说过：如果你把新闻和消息作为市场走势的动机，那么去赌赛马你或许有较好的运气，你不必在股市里，依赖走势去正确地猜出某一条新闻的意义。

三、历史会重演

技术分析和市场行为学与人类心理学有着千丝万缕的联系。因为"江山易改，本性难移"，所以股市历史会重演。

历史的重演表现为时间周期的再现与价格形态的重演。下面举两个例子。

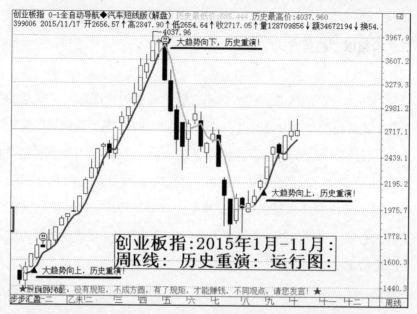

图4-1 创业板指，2015年1月-11月，周K线，"历史重演"运行图

图4-1说明：创业板指，2015年1月-11月，周K线。在2015年1月9日，盘中自动出现"大趋势向上，历史重演"文字指令，股指在2100点左右，经过半年的震荡拉升，在2015年6月15日股指在5178点，涨幅已达160%左右。盘中自动出现"大趋势向下，历史重演"文字指令，从此熊市开始。股指经过10周震荡下跌，至2015年9月2日止，股指跌到1858点，然后横盘整理6周后，盘中自动出现"大趋势向上，历史重演"文字指令。至2015年11月18日截图日止，盘中没有自动出现"大趋势向下，历史重演"文字指令，说明2015年下半年行情未结束。

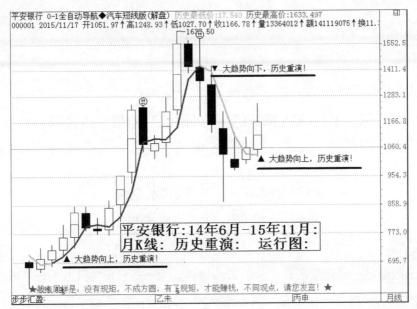

图4-2 平安银行（000001）月K线，2014年6月-2015年11月"历史重演"验证图

图4-2说明：平安银行（000001），2014年6月-2015年11月，月K线。在2014年6月，盘中自动出现"大趋势向上，历史重演"文字指令，股价在700.00元左右（复权价）。经过10个月的震荡拉升，在2015年6月股价在1640元左右，涨幅已达140%左右。盘中自动出现"大趋势向下，历史重演"文字指令，从此熊市开始。股价经过4周震荡下跌。至2015年8月止，股价跌到868.00元左右，然后横盘整理2周后，盘中自动出现"大趋势向上，历史重演"文字指令。至2015年11月18日截图日止，盘中没有自动出现"大趋势向下，历史重演"文字指令，说明2015年下半年行情未结束。

上两图说明：股市历史是存在重演的现象，经常会以改头换面的方式重演，因此许多股民不能正确地予以识别，一次又一次地与股市大机会失之交臂，或一次又一次地被股市戏弄而被套住。

股市是按照人性的弱点来设计的，人性弱点是很难改变的，所以股市历史会重演。我们只要善于学习调研，并努力克服或战胜自身的人性弱点，就很有希望在股市上脱颖而出。

（大趋势软件，已把上面所述程序化，明确给你下达当天的各种文字指令，只要你坚决执行即可。）

第二节　人人都知的"K线理论"能帮你赚钱吗

> 各种K线都是鱼，各种均线都是水，
>
> 大鱼出水可满仓，大鱼入水要逃跑！

　　K线图是一种记录股价走势的特殊语言。每一条日K线相当于一个短语，描述了当天的股价变化情况，而由许多条K线构成的图形则相当于一个语句。精通K线的人会从图表上读到"看涨语句"、"看跌语句"及"不明朗语句"。在读到"看涨语句"时进，读到"看跌语句"及"不明朗语句"时在场外观望。这样，必能在跌势中保存实力，同时又能赚一点短线差价。只是K线图这门语言相当深奥，需下功夫去研究。

K线图应用时机（K线理论的核心）

　　若"大阳线"出现在盘整或股价"下跌趋势"末期时，代表股价可能会开始"反转"向上。

　　若"大阴线"出现在盘整或股价"上涨趋势"末期时，代表股价可能会开始"反转"向下。

　　K线的走势是看盘时的主要内容，因此必须要系统掌握有关K线的基本知识，了解K线的含义，掌握K线图的应用时机。

　　K线由三部分组成：上影线、实体、下影线。上影线上至当期最高价，下影线下至当期最低价。当收市价高于开市价时，实体部分用红色（或白色）绘制，称为阳线，当收市价低于开市价时实体部分用绿色（或黑色）绘制，称为阴线。K线图的常见形态如下：

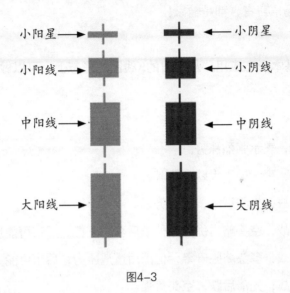

小阳星→　　　　←小阴星

小阳线→　　　　←小阴线

中阳线→　　　　←中阴线

大阳线→　　　　←大阴线

图4-3

分析K线图，先要了解它的含义：

一、股票的K线图所代表的含义

K线又称阴阳线、棒线、红黑线或蜡烛线，起源于日本德川幕府时代（1603-1867）的米市交易，经过200多年的演进，形成了现在具有完整形式和分析理论的一种技术分析方法，后来引入股市，并逐渐风行于东南亚地区。K线图以其直观、立体感强的特点而深受投资者欢迎。实践证明，精研K线图可以较准确地预测后市走向，也可以较明确地"判断"多空双方的力量对比，从而为投资者决策提供重要参考。

K线图由开盘价、收盘价、最高价、最低价四个价位组成。开盘价低于收盘价称为阳线，反之叫阴线。中间的矩形称为实体，实体以上细线叫上影线，实体以下细线叫下影线。

K线可以分为日K线、周K线、月K线，在动态股票分析软件中还常用到分钟线和小时线。K线是一种特殊的市场语言，不同的形态有不同的含义。每种周期，都告知和下达买卖指令给每一位投资者，至今绝大部分投资者都没弄懂！凡不懂市场语言者，都是输家！

二、K线基本形态应用。从每日的K线图的形态上，可以做出以下大致的判断

1. 大阳线，表示强烈涨势。

2. 大阴线，表示处于大跌态势。

3. 多空交战，先跌后涨，多头势强。

4. 多空交战，空头略占优势，但跌后获得支撑，后市可能反弹。

5. 多空交战，多头略胜一筹，但涨后遭遇压力，后市可能下跌。

6. 多空交战，先涨后跌，空头势强。

7. 反转信号，如在大涨后出现，后市可能下跌；如在大跌后出现，则后市可能反弹。

8. 反转试探，如在大跌后出现，行情可能反弹；如在大涨后出现，则应保持冷静，密切注意后市之变化。

9. 表示多头稍占上风，但欲振乏力，后市可能下跌。

10. 先上涨后下跌，空头略占上风。

另注：大十字，表示多空激烈交战，势均力敌，后市往往有所变化。

小十字，表示狭幅盘整。

应该注意的是，单个K线的意义并不大，而应该与前一天的K线及后一天的K线作比较才具有意义。综合K线形态，其代表的多空力量有大小之差别；以十字线为均衡点，或代表多方力量最强（空方力量最弱），或代表空方力量最强（多方力量最弱）。

三、K线图应用时机

若大阳线出现在盘整或股价下跌趋势末期时，代表股价可能会开始反转向上。

　　若大阴线出现在盘整或股价上涨趋势末期时，代表股价可能会开始反转
向下。

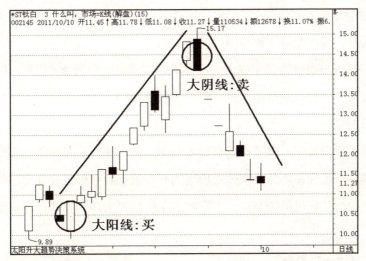

图4-4　ST钛白（002145）日K线，"大阳线买、大阴线卖"实战图

　　出现极长下影线时，表示买方支撑力道强。因此若此种K线出现在股价下
跌趋势末期时，再配合大成交量，表示股价可能反弹回升；若此种K线出现在
股价上涨趋势末期或高档盘整期时，再配合大成交量，表示主力大户可能盘中
卖，盘尾拉，应注意卖出时机。

　　出现极长上影线时，表示卖压大。因此若此种K线出现在股价上涨趋势末
期时，再配合大成交量，表示股价可能一时难以突破，将陷入盘整，甚至回
跌。

　　十字线可视为反转信号，若此种K线出现在股价高档时，且次日收盘价
低于当日收盘价，表示卖方力道较强，股价可能回跌；若此种K线出现在股
价低档时，且次日收盘价高于当日收盘价，表示买方力道较强，股价可能上
扬。

四、应用时的注意事项

因为K线图仅就股票价格观察，所以应用时，应配合成交量观察买方与卖方强弱状况，找出股价支撑与压力区。

每日开盘与收盘价易受主力大户影响，因此也可参考周K线图，以每周初开盘，每周末收盘，每周最高价，每周最低价绘制。因为主力、大户较难全盘影响一周走势。

为什么说日K线下影越长越有利多方呢？一般来说，K线由三部分组成，即上影线、下影线和实体。实体由价格的开盘价和收盘价组成，上影线表示价格一天之内曾达到过的最高点，下影线表示价格一天之内到达过的最低点。

五、K线大法总结

谈到K线，内容很丰富，很多投资者包括实践者、理论研究者能用千言万语来表述K线，很多人又说不清楚，或只知其表，不知其里，或只说其理而不知其表，说来说去越说越糊涂，越说越不清楚，什么阴包阳、阳包阴，什么上吊线、下吊线、十字量、小阳线、小阴线等等，让一般的学习者越学越弄不清楚。所以我们把他们说的东西加以整理，然后用最简单的语言加以总结，目的是让初学者一目了然好记易懂。

一看阴阳：让初学者们知道阳线表述股价上涨，阴线表述股价下跌。

二看长短：让初学者知道，长阳线表述股价大涨，长阴线表示股价大跌。

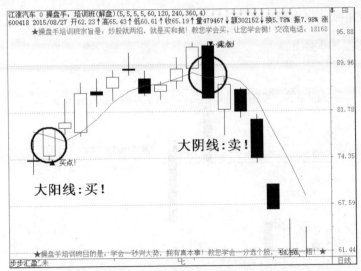

图4-5 江淮汽车（600418）日K线

图4-5说明：江淮汽车（600418）日K线。在2015年8月4日，盘中自动出现"股价上涨7%"一根大阳线后，股价震荡上行。至2015年8月18日止，盘中自动出现"股价下跌10%"一根大阴线，股价震荡下行。如果您能按图操作，您会不赚钱吗？

三看星：让初学者知道，十字星分长十字星、短十字星、阳十字星、阴十字星，表示当日、当周或当月股价的收盘价和开盘价基本平衡，既没有大涨，又没有大跌。

四看组合：由于根据一根K线判势容易失误，所以，要看两根或三根K线组合后的形态。有两根K线组合，如前一根是大阳线，后一根是小阴或是小阳，在相对底部出现，可能是相对低点的启动信号，考虑可以买股票。反之在相对高位，一根大阳线后加一根小阳，说明在相对高位，顶部将来临，可以考虑减仓或空仓。

五看均线：当均线系统成多头排列时，K线出现大阳线，说明相对底部来到，可以买股票；反之均线系统空头排列时，出现大阴线，说明相对顶部来到，可以卖股票。

六看趋势：当趋势向上形成后，不管K线当时什么形态，都可以买进；反之当趋势向下形成后，不管K线当时什么形态，都可卖出。

　　七看箱体：当出现K线三天站在箱体线之上可买进，当出现K线三天都站在箱体线之下可卖出。

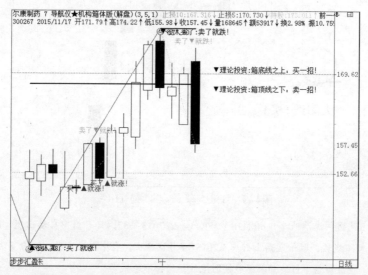

图4-6　尔康制药（300267）日K线，"箱顶、箱底"实战图

　　图4-6说明：尔康制药（300267）日K线。在2015年11月12日，股价在177.00元，形成箱顶。后震荡下跌，在11月17日，股价又下跌前期，10月20日的箱顶167.00元。目前该股在"上箱顶"177.00元，10月27日形成的"下箱底"，股价是141.00元。

六、如何利用单根K线判断大盘走势

　　单根K线幅度在3%以上才有实用价值，低于3%可忽略。

　　5%以上往往是中级行情的开始，如果前两天站稳10日均线之上，则第三天买进的成功率是80%。此外还有双日K线的图形、三日K线的图形，以及下降图形等，这里就不再赘述。

七、对K线的涨跌大概分为

　　小阴小阳线波动范围在0.6%—1.5%；

中阴中阳线波动范围在1.6%—3.5％；

大阴大阳线波动范围在3.6％以上。

以上对K线理论的汇总，如果其中有一条对你有用，你就用一条；如果有两条有用，你就用两条；如果一条都没有用，请按你自己的办法去操作。

掌握K线理论口诀：K线理论核心是

> 大阳大阴定输赢，一买一卖见分晓；
>
> 大阳线后要满仓，大阴线后要逃跑！

领会者，得股市天下也！执行者，股圣也！

第三节　谁都明白的"趋势理论"能帮你赚钱吗

上下趋势定输赢，一买一卖见分晓；

趋势向上要满仓，趋势向下要逃跑！

K线图形出现后，经过一段时间的排列，应该形成股市的走势及趋势。

K线的趋势图又分：

一、上升趋势：俗称牛市，表现在均线系统

东睦股份（600114）：2010年3月中旬开始，日K线均线系统多头排列，牛市开始。

多种均线交叉时，就是"买一招"的开始。

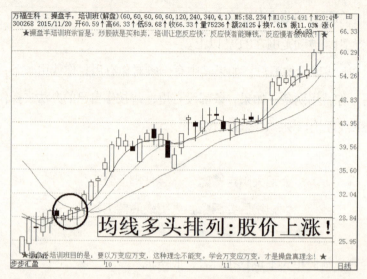

图4-7　万福生科（300268）日K线，"均线多头"排列，牛市实战图

图4-7说明：万福生科（300268）日K线。在2015年9月24日，股价在28.00元左右，"均线多头"排列，牛市开始，从此股价一路震荡上行。至2015年11月20日截图日止，股价在66.00元左右，该股涨幅已达130%左右。按此方法操作，您能不赚钱吗？

什么是上升趋势？股价震荡一路上升，K线呈现多头排列就是向上之势。一般情况下，当均线向上呈多头排列时，股价一般都是沿着均线的上方运行。

当均线形成三线金叉，下达"文字买入"指令，股价上涨。需要特别提醒的是：注意移动平均线中长线的支持和压制作用。

1. 长线在均线下方运行。

大盘及个股的股指、股价受到支撑，股指、股价基本形成上升趋势。

2. 长线在均线上方运行。

大盘及个股股指、股价受到压制。股指、股价基本形成下降趋势。

二、下降趋势：俗称熊市，表现在均线系统

上证指数2008年1月中旬开始为空头排列向下状态。

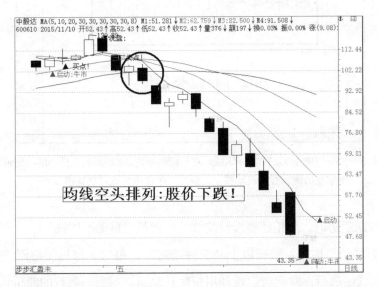

多种均线向下交叉时，都是"卖一招"的开始。

什么是下降趋势？即股价震荡一路下降，均线呈空头排列向下之势。一般情况下，当均线向下呈空头排列时，股价一般都是沿着均线的下方而运行。

当均线形成死叉，下达"文字卖出"指令，股价下跌。

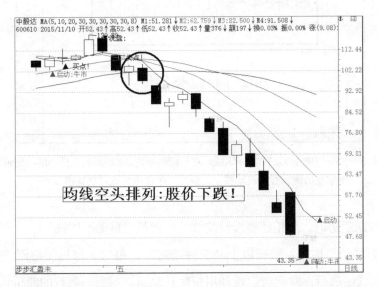

图4-8　中毅达（600610）日K线，"均线空头"排列，熊市实战图

图4-8说明：中毅达（600610）日K线。在2015年6月16日，股价在112.00元左右，"均线空头"排列，熊市开始，从此股价一路震荡下行。至2015年7月7日截图日止，股价在43.00元左右，该股跌幅已达76%左右。按此方法操作，您能不赔钱吗？

三、平衡趋势：俗称牛皮市或盘整市

平衡趋势就是指股指、股价在一段时间内，在某个价格范围内震荡运行，俗称"牛皮市"或"盘整市"。

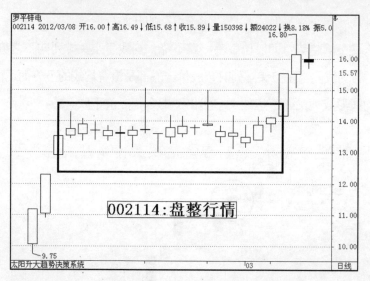

图4-9　罗平锌电（002114）日K线，在一段时期内，K线形态均已小阴小阳或者
十字星出现，股价波动很小，俗称"牛皮市"或"盘整市"

　　在介绍趋势时，恐怕还要涉及均线，也就是"移动平均线"。

　　何为移动平均线？根据以上"三种趋势"，每时、每日、每周、每月的
K线排列成图形后，发明者们就利用每时、每日、每周、每月的股价，K线以
5日、10日、20日、30日、60日、250日等等的平均值连成一条线，俗称"移
动平均线（用MA表示）"。按走势图正常设定的参数定为5日、10日、30日
平均线。120日为半年的股价平均线，250日为一年的股价平均线，做长线的
投资者要经常观察。

　　5日平均线用黄色线表示；

　　10日平均线用紫色线表示；

　　30日平均线用绿色线表示。

　　总结：

　　①股价跌破5日均线，短线投资者可减仓或清仓；

　　②股价跌破30日均线，中线投资者可减仓或清仓；

　　③股价跌破60日均线，长线投资者可减仓或清仓。

　　请股民朋友们切记、切记！

四、有关"趋势及趋势线"的详细论述

1. 趋势是什么？我们认为，趋势在市场中的表现，就是大众的合力导致一段时间内不可抗拒的发展方向。许多人希望了解的是趋势是如何产生的？

政策、经济、企业的发展变化、投资大众的心理趋向都可能导致趋势的产生与壮大。趋势有大与小之分，大则数年数十年，小则数日，更小的趋势则没有研究的必要。虽然许多人喜欢用5分钟K线，但是我们认为关注过于细小的东西，容易忽略更大的趋势。

2. 大多数人关注的是趋势的开始与结束，但是我认为更重要的是关注趋势的确认与延续，也就是说减少走在趋势前面的冲动，跟随趋势，服从趋势，这样才能长期稳定地获利。大多数投资者相对于市场可谓沧海一粟，他们无法成为趋势的缔造者，走在趋势前面的结果，往往是首先被旧的趋势吞没。

3. 趋势及趋势线：炒股者，大家一定知道趋势及趋势线，也有很多人按照趋势及趋势线去买卖股票。但许多人只是停留在理论和画趋势线上，对实际的买卖点却无法把握。很多人知道在上升趋势中，可是却想不到买，找不到买入点位。所以说趋势很重要，极其重要！趋势是价格的直接表现，任何人，无法在下跌时做多赚钱；无法在上涨时放空获利。因为价格是你是否获利的直接原因，不是吗？

既然趋势重要，那么，如何来把握趋势呢？或者是否有一种很好很简单的趋势判断方法和具体买、卖以及仓位布置和止损呢？这是需要探讨的。

掌握趋势理论口诀：

> 上下趋势定输赢，一买一卖见分晓；
> 趋势向上要满仓，趋势向下要逃跑！

领会者，得股市天下也！执行者，股圣也！

第四节　个个都懂的"均线理论"能帮你赚钱吗

> 均线多空定输赢，一买一卖见分晓；
>
> 均线多头要满仓，均线空头要逃跑！

多种均线向上交叉时，就是"买一招"的开始，多种均线向下交叉时，就是"卖一招"的开始（均线理论的核心）。

一、移动平均线的"买一招"：多种普通均线向上交叉时，就是"买一招"的开始

1. 股价曲线由下向上突破5日、10日移动平均线，且5日均线上穿10日均线形成黄金交叉，显现多方力量增强，已有效突破空方的压力线，后市上涨的可能性很大，是"买一招"时机。

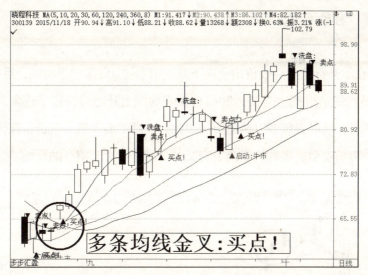

图4-10　晓程科技（300139）日K线，多条"均线"形成金叉：就是买点

　　图4-10说明：晓程科技（300139）日K线。在2015年10月8日，股价在65.00元左右，多条"均线"形成金叉，这就是买点，牛市开始，从此股价一路震荡上行。至2015年11月20日截图日止，股价在90.00元左右，该股涨幅已达36%左右。按此方法操作，您能不赚钱吗？

　　2. 股价曲线由下向上突破5日、10日、30日移动平均线，且三条移动平均线呈多头排列，说明多方力量强盛，后市上涨已成定局，此时是极佳的"买一招"时机。

　　3. 在强势股的上升行情中，股价出现盘整，5日移动平均线与10日移动平均线纠缠在一起，当股价突破盘整区，5日、10日、30日移动平均线再次呈多头排列时为"买一招"时机。

　　4. 在多头市场中，股价跌破10日移动平均线而未跌破30日移动平均线，且30日移动平均线仍向右上方挺进，说明股价下跌是技术性回档，跌幅不致太大，此时为"买一招"时机。

　　5. 在空头市场中，股价经过长期下跌，股价在5日、10日移动平均线以下运行，恐慌性抛盘不断涌出导致股价大幅下跌，乖离率增大，此时为抢反弹的绝佳时机，也是"买一招"时机。

二、"移动平均线"的"卖一招"

1. 在上升行情中。股价由上向下跌破5日、10日移动平均线，且5日均线下穿10日均线形成死亡交叉，30日移动平均线上升趋势有走平迹象，说明空方占有优势，已经突破多方两道防线，此时应是"卖一招"时机，应抛掉持有的股票，离场观望。多种均线向下交叉时，就是"卖一招"的开始。

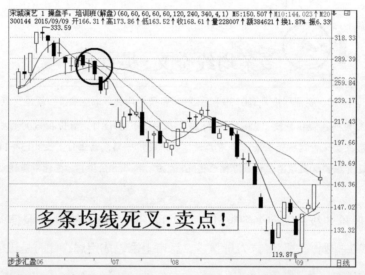

图4-11 宋城演艺（300144）日K线，多条"均线"形成死叉：就是卖点

图4-11说明：宋城演艺（300144）日K线。在2015年6月15日，股价在290.00元左右，多条"均线"形成金叉，这就是卖点，熊市开始，从此股价一路震荡下行。至2015年8月26日截图日止，股价在120.00元左右，该股跌幅已达56%左右。按此方法操作，您能不赔钱吗？

2. 股价在暴跌之后反弹，无力突破10日移动平均线的压力，说明股价将继续下跌，此时为"卖一招"时机。

3. 股价先后跌破5日、10日、30日移动平均线，且30日移动平均线有向右下方移动的趋势，表示后市的跌幅将会很深，应迅速用"卖一招"手法，抛掉持有的股票，离场观望。

4. 股价经过长时间盘整后，5日、10日移动平均线开始向下，说明空方力量增强，后市将会下跌，应用"卖一招"手法，抛掉持有的股票，离场观望。

5. 当60日移动平均线由上升趋势转为平缓或向下方转折,预示后市将会有一段"中级下跌"行情,此时应用"卖一招"手法,抛掉持有的股票,离场观望。

移动平均线的目的主要是用来判定股票的走势及趋势。股价的运动轨迹常常是跳跃式的,平均线把这种跳跃式的轨迹连接成"较为平坦"的曲线。计算平均线的方法有多种,最常用的是取收市价作为计算平均值的参考。比如你要计算10天的平均值,把过去10天的收市价格加起来除以10,便得到这10天的平均值。每过一天,分子式加上新一天的股票收市价,再减去倒数第11天的收市价,分母不变,便得到最新的平均值,把平均值连起来便称为平均线。平均线的形状取决于所选择的天数。天数越多,平均线的转折越平缓。一只股票的升幅,一定程度上由介入资金量的大小决定,庄家动用的资金量越大,日后的升幅越可观。

三、均线应用:看大势赚大钱

首先我们认为,均线具有"跟踪与反映趋势"的特征。它能够表示价格的"趋势"方向,并追随这个趋势,不轻易放弃。如果从K线图表中能够找出上升或下降趋势线,那么,均线的曲线将保持与"趋势线"方向一致,能消除中途价格在这个过程中出现的起伏。就趋势追踪而言,我认为最重要的一点是"跟踪"大势,看大势者赚大线,看明大势并顺势而为,是在股市中立于不败之地的根本保证。任何一种技术的学习,首先必须从"本质"开始,要做到"治标又治本"。跟着大趋势做长线投资,你总会获取最多的利润。频繁地买卖,试图获取小利,不可能让你挣到股市的大钱。如果你投入时间,学习如何掌握大势,然后跟随大势直到他"大势走完"一个周期,直到你获得走势变化的确切"市场指令后"再出场,那么你会获得很大的赢利。每年交易二三次获得巨大赢利,总好过一年交易10-20次,其中一大半时间失败并已净损失告终。

把紧跟大势,永不逆势操作,作为你的股市买卖准则。你就是股市的赢家。如果你还不知道大势是什么,趋势是什么,那么就请你不要入市,否则你要在股市中交纳很昂贵的学费。如果你能学会我交给你的股市游戏规则，你就会确信，遵循股市游戏规则，炒股是可以获利的。如果你紧跟大势，你就不会错过任何赚钱的机会。你会发现，有时候，当你选择暂时不入市，学会空仓，等待明确的市场指令和真正的"买一招"机会的来到。如果你能耐心等待，总有一天，"买一招"机会一定会到来，你将必有所得。

图4-12　中小板指日K线，在这段上升期间按图操作，赚大钱

图4-12说明：中小板指日K线。在2015年10月8日开始，股指在7000点左右，在这段"上升期间"按图操作，你会赚大钱！

反之，如果说当大盘趋势向下，空仓你就不会赔钱，不赔钱变相来说你就是赚钱。

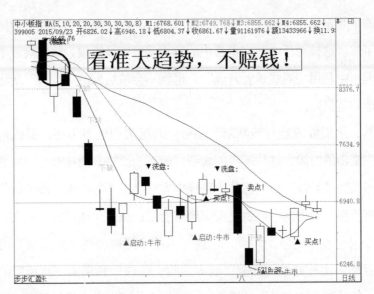

图4-13 中小板指日K线，在这段"下降期间"按图操作，不赔钱

图4-13说明：中小板指日K线，在2015年8月18日开始，股指在9000点左右，在这段"下降期间"按图操作，你会不赔钱！

就以2014年7月中旬这次大牛市和2015年6月中旬这次大熊市来分析沪市行情"大趋势"，只有那些看对大的"趋势"并且按照这种"趋势"操作的投资者，才有望获得真正的最大利润。换言之，在上涨过程中耐心持有，可使利润获取最大化，而在下跌中，轻仓甚至空仓则是最好的"风险"回避。因此在一轮"大牛市"中，准确判断"向上趋势"至关重要 。同样，在一轮"大熊市"中，准确判断"向下趋势"也同样至关重要。而在日常的各类技术指标当中，由于你对技术指标研究得"不透"故认为他们的"周期"太短，时常会发出"错误"的信号，并且有时不同的技术指标甚至发出"相反"的矛盾信号，所以仍选择正确的技术指标"均线"做为自己的看盘指标。

一般而言，由于日线时间太短，并且一般的操盘资金，可在一定时期内操纵股价走势，偶而会出现"骗线"，会误导投资者。但就中长期来看，大的"趋势"是一般资金难以控制的。所以在"判断趋势"的时候，对于均线指标的运用，中线应以"周线"为准，长线应以"月线"为准这样的操作比较理想。有的个股走势在"日线"难以判断的时候，用"周线和月线"衡量一下，则一目了然。这样对于个股在盘整中的骗线就很容易识破，将风险最小化。当然，在熊市中利用"周线或者月线"，也就不会被短期的"反弹"所迷惑，可以较好地防范风险。

当然，用周线或者月线判断"趋势"有优势但也有不足，那就是对于强势个股在卖出的时候，往往不可能卖到"最高"价格，而在参与个股的时候，又不可能买到"最低"价。因此这种操作方法是：不能追求"最低价位"买入和"最高价格"卖出的，也就是大家通常所说：鱼头鱼尾可舍，只吃"鱼身"即可。如果你能做到以上几点，你就可以基本把握一轮"大行情"的主流机会，并且能够比较好地"回避"较大风险，保住胜利果实。从长期的实战来看，在一轮"牛、熊交替"的周期中，这种方法可以减少操作频率，降低操作风险，获得最大的投资收益。

总归，"大趋势：买一招；大趋势：卖一招"两个概念，是变盘的前奏。而我们要做的是等待均线的发散，这时"趋势"方向已大致明确，但也会有假信号，因为从图形上来说它本身也是一个矩形横盘的突破方式，我们要正确看待。"买一招卖一招"两个概念应该好理解，如果不太好理解的话请拨打电话18168000001，或和笔者交流一下。做我们能做的事，其他的事让"市场"去做吧。

掌握均线理论口诀，均线理论的核心是：

> 均线多空定输赢，一买一卖见分晓；
> 均线多头要满仓，均线空头要逃跑！

领会者，得股市天下也！执行者，股圣也！

第五节 简单易懂的MACD理论能帮你赚钱吗

> 金叉死叉定输赢，一买一卖见分晓;
>
> 零轴线上要满仓，零轴线下要逃跑!
>
> 零轴线之上金叉买，零轴线之下死叉卖。（MACD理论的核心）

一、MACD传统指标

长期观察，笔者发现MACD有一定的先知先觉作用（除SAR指标外，其余指标都是在当日、当周、当月收盘后才成定局），我对MACD的"新"发现如下:

大盘或个股的当日、当周、当月的走势基本成定局，除非在当日震荡特大，能改其形态形成反转，一般情况下较为稳定。在笔者创造发明的"一招定乾坤"中，MACD起了一个决定性作用。MACD的"六大功能"如下:

1. MACD能判断一天、一周、一月的走势。

2. MACD能判断大盘及个股的"一波行情"开始后，主力和庄家洗盘、打压的情况。

3. MACD能判断大盘及个股"一波下跌行情"开始大盘及个股主力、庄家给投资者第二次、第三次出货的机会。（提示:当一波下跌行情刚开始时，如股指出现回调，就是给投资者第二次出货的机会，希望投资者千万不要抱着"侥幸"的心理，否则会贻误战机，后悔莫及，白白赔了时间又赔钱。）

4. 当KDJ指标中J值发生钝化时，投资者看MACD的变化，只要MACD当时、当日、当周、当月红柱继续比前一时、一日、一周、一月放长，投资者即可大胆放心持股，一旦J值钝化几时、几日、几周后开始回落，投资者就可考虑"出场或减仓"。

5. MACD第一次在O轴线之下金叉，股指、股价有一定的涨幅。第二次在O轴线之上二次交金叉，股指、股价涨幅会比前一次更大。

6. 每一次行情始末与MACD指标均有相辅相成的关系，最主要的一点是：当日K值DIFF日K线向下弯头是短线见顶信号。看下周K线DIF，只要周K线DIFF不向下弯头，即大胆持股。周K线DIF线向下弯头，说明是中线见顶信号。再看一下月K线DIFF，只要月K线DIFF不向下弯头，即耐心持股。月K线DIFF向下弯头说明是长线见顶信号。这时投资者就应当彻底清仓，离场换股。以上各种情况均与MACD红柱长短关系不大。

二、利用DIF与MACD配合研判行情

1. DIF向上交叉MACD为买点。

2. DIF向下交叉MACD为卖点。

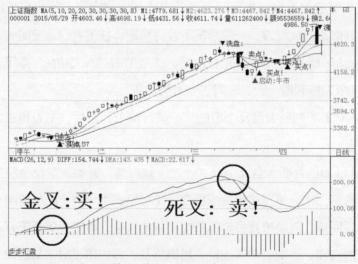

图4-14　上证指数日K线，MACD"金叉买，死叉卖"实战图

图4-14说明：上证指数日K线，在2015年3月12日开始，股指在3300点左右，MACD"金叉买"，在2015年5月5日止，MACD"死叉卖"，股指已有35%左右的涨幅。

3. DIF从高位二次向下交叉MACD时则股价下跌幅度会较深。

4. DIF从低位二次向上交叉MACD时则股价上涨幅度会较大。

5. 一旦股价的高点比前一次的高点高，而MACD指标的高点却比前一次的高点低时，表示指标怀疑股价的上涨是外强中干，称为牛背离，暗示股价很快会反转下跌。

6. 一旦股价的低点比前一次的低点低，而MACD指标的低点却比指标前一次的低点高，则表示指标认为股价不会再持续下跌，称为熊背离，暗示股价很快反转向上涨。

以上是我对MACD新的发现、新的解释、新的应用、新的判研。请投资者千万不要按书本中的教条死搬硬套，一定要将我所说的融会贯通之后灵活运用。根据以上所说，投资者就不难判断大盘及个股的走势及以后的趋势，对于牛市何时能到来，熊市何时会出现，基本上可以做到心中有数，就能先人一步，跑赢大市。

以上方法简称为：看季、观月、定周、择日法=高氏规律买卖法。

三、DIF、MACD：操盘绝技

1. 短线：日线DIF白线向下拐头，看周线（空仓操作）；

2. 中线：周线DIF白线向下拐头，看日线（空仓操作）；

3. 长线：月线DIF白线向下拐头，看季线（空仓操作）。

4. 超短线：MACD红柱线比前一日60分时缩短，可减仓操作；

5. 短线：MACD红柱线比前一交易日缩短，可减仓操作；

6. 中线：MACD红柱线比前一交易周缩短，可减仓操作；

7. 长线；MACD红柱线比前一交易季缩短，可减仓操作。

四、请股民朋友特别注意以下四点

1. MACD绿柱线时，在0轴线以下不要进场。

2. 没有周K线配合不要进场。

3. 当5日与10日平均线，在30日平均线下方发生金叉时不要进场。

4. 凡除权（10送5以上）股票，除权前已放量的，除权后不进场。

投资者要问当以上四种情况出现时，想进场怎么办？投资者请用分时图进场，而且要快进快出，否则风险较大，获利不大。请股民朋友牢记：绝大部分股票是随大盘而上，也随大盘而下，只有少数是逆势而行。

掌握MACD理论理论口诀，MACD理论核心是：

> 金叉死叉定输赢，一买一卖见分晓；
>
> 零轴线上要满仓，零轴线下要逃跑！

领会者，得股市天下也！执行者，股圣也！

第六节　快进快出的KDJ随机理论能帮你赚钱吗

> 调整参数很重要，一买一卖见分晓；
>
> 金叉买进要满仓，死叉卖出要逃跑！

KDJ数值20之上金叉买，KDJ数值90之下死叉卖（KDJ随机理论的核心）。

一、KDJ传统指标

KDJ的中文名称叫随机指标，波动于0—100之间的超买超卖指标主要由K%、D%、J%组成，早期在国际期货市场，吸引相当多投资人的注目，近几年在咱们中国股市，也渐渐受到股民的欢迎。

请股民朋友牢记以下七点：

1. K值在20左右水平，从D值左方向上交叉D值时为短期买进信号。

2. K值在80左右水平，从D值右方向下交叉D值时为短期卖出信号。

3. K值形成一底比一底高的现象，并在50以下水平，由下往上连续两次交叉D值时，股价涨幅会较大。

4. K值形成一顶比一顶低的现象，并在50以上的高水平，由上往下连续两次交叉D值时，股价跌幅较大。

5. K值高于80超买区时，短期股价容易向下回档。

6. K值低于20超卖区时，短期股价容易向上反弹。

7. J值＞100时，股价会形成头部。J值＜0时，股价会形成底部。

二、KDJ操盘绝技

1. 日KDJ死叉：短线出局；

2. 周KDJ高位死叉：中线出局；

3. 月KDJ高位死叉：中长线出局；

4. 大盘月KDJ向下，周KDJ：向下绝对空仓休息，学会空仓休息，这也是一门高超的炒股技术。

因此，我们的观点是：庄拉升我进，庄未退我退，与庄共舞，享坐轿之乐、免被套之苦。

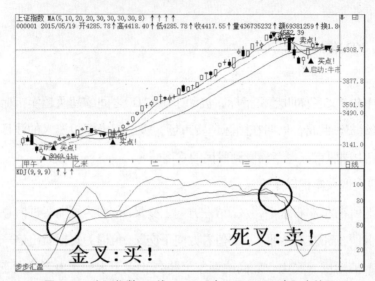

图4-15 上证指数日K线，KDJ"金叉买，死叉卖"实战图

图4-15说明：上证指数日K线，在2015年2月17日开始，股指在3100点左右，KDJ"金叉买"，在2015年5月5日止，KDJ"死叉卖"，股指已有40%左右的涨幅。

（大趋势软件，已把上面所述程序化，明确给你下达当天的各种文字指令，只要你坚决执行即可。）

掌握KDJ随机理论口诀，KDJ随机理论的核心是：

调整参数很重要，一买一卖见分晓；
金叉买进要满仓，死叉卖出要逃跑！

领会者，得股市天下也！执行者，股圣也！

第七节　最重要之一的"量能理论"能帮你赚钱吗

量之重要，在其"势"也。高位之量大，有下落之能；低位之量大，有上涨之力。

> 买时量大卖时小，一买一卖见分晓；
> 下达买进要满仓，下达卖出要逃跑！
> 站稳三线买股票，买进之后不被套，
> 三线之下买股票，买进迟早要被套！

注：三线，指5日、10日、20日三根均量线。

连续三天买量大于卖量：买进（量能理论的核心）。

一、有关成交量的详细理论论述

量之重要，其一在"势"也。高位之量大，有下落之能；低位之量大，有上涨之力。

1. 成交量的意义

第一，说明个股的活跃程度与对当前股价的认可程度。个股的运动一般都经历盘旋—活跃—上升—盘旋的循环过程，作为股价运动的第二阶段，即通常所说的股性被激活阶段，也就是成交量活跃的过程。当一只个股处于底部蛰伏期时，其市场表现不活跃，该阶段的成交量低迷。股价的上升必然导致获利盘与解套盘的增多，多空分歧加大。相应地，股价的进一步上升需要有更多能量的支持，而活跃的成交量正是对该现象的客观反映。多空双方对股价的认可程度分歧越大，成交量也就越大。理论上，多空双方对股价分歧最大的位置应该是在盘整区域的箱体顶部，从股价运行的实际情况看，在箱体顶部附近的放量也确实对股价的突破有一定参考意义。

第二，成交量的活跃还与个股突破后的爆发力度有关，表明市场的内在强度。换手率越高，参与的投资者越多，一旦市场向某个方向突破，原来巨大的多空分歧因一方的胜利使市场产生一边倒，迫使另一方返身加入，这种合力足以使市场产生巨大的波澜。

第三，个股的活跃程度反映了进入该股中的主力是新主力还是老主力，主力的实力如何，有助于对主力控盘程度的判断。这事实上是从成交量的角度对股价的盘整做补充描述。一般新主力介入时，由于介入控盘过程较长，成交量会相对活跃，而一旦进入控盘阶段后，主力又难以容忍其他投资者跟庄，不会长时间在其成本区域附近徘徊，会迅速拉高，这就会产生第一波的上升行情，即性质上为脱离成本区的行情。其间最主要特征是距离长期底部区域不远，即前面所论述的低位盘整。而一旦脱离成本区域后，股价还会产生中级调整，这时调整可能以横盘为主，而最终的结果是在经过中级盘整后，股价继续向上，即整体走势呈现之字形形态，或者说，波浪理论中的主升浪阶段就是该阶段的真实反映。需要指出的是，与底部区域的盘整相比较，脱离成本区域后的盘整阶段成交量会相对较小，但也满足我们所定义的盘整，这种盘整一般属于老主力所为，其后股价的上升空间则取决于第一波行情上升的力度等因素。

第四，由于个股的流通盘、总股本都不相同，为便于考察，用换手率指标可对个股的活跃程度做出比较，需要指出的是，个股单日换手率意义不如一段时间累计换手的参考价值大。当周放量是个股启动的信号，放量不涨是盘整阶段的主要特征，一旦进入放量拉出中阳线以上的K线时，大黑马的条件已经基本孕育成熟。

2. 如何观察成交量

股市中有句老话："技术指标千变万化，成交量才是实打实的买卖。"可以说，成交量的大小，直接表明了市场上多空双方对市场某一时刻的技术形态最终的认同程度。下面，笔者就两种比较典型的情况做一些分析。

第一种是放量上涨。既然股价处于长期相对低位中，那么绝大部分的筹码肯定已经被高高地套在上面，而且手拿资金准备买进该股的投资者也一定是凤毛麟角，因此出现大成交量的唯一理由就是残存主力的对倒，为了吸引市场资金的跟进。这里特别要说明的是，即使该股的基本面突然出现利好，放出的大量也很有可能是主力所为，因为好消息的出台并不会导致大量的高位套牢盘放血。所以说，底部放量上涨一般都是盘中主力所为，同时也说明该股还有主力没有出局。如果我们通过长期观察而知道该股只拥有主力而非控盘庄家，那么只要底部的放量并非巨量，后市走强大盘的可能性还是极大的。如果该股是属于控盘程度较高的庄家，那么其未来走势将难以超过大盘。

第二种是相对底部放量下跌。市场上对于下跌谈论得比较少，因为下跌无法赢利。但下跌却会让我们亏损，所以我们同样有必要关注下跌。既然是底部放量下跌，实际上就是突破底部平台以后的持续性下跌，因此放量的时机是判断的要点。如果刚向下突破就放量（跌幅在5%以内），表明有非市场性交易的成分，不一定是主力自己的对倒，但可能是新老主力的交班，或者是某张大接单要求主力放盘。不管怎么说，一开始向下突破就放量至少以后还有回升的希望。如果先是无量向下突破，在连续下跌后出现放量，那么其中会有不少市场的买单，特别是会有不少短线的抢反弹买单。但这种情况一般可以认定是主力认赔出局，后市堪忧。

第三种是盘整放量。盘整放量的情况相对复杂。比如大盘一路盘跌，股价应该也是盘跌，但现在依然只是盘整，那就说明有资金在承接，只要不是特别大的量，表明有主力护盘，但并不一定表明后市一定涨势超过大盘，这还要取决于该主力护盘的动机和资金状况。如果大盘同样是盘整，那么该股的放量盘整就是主力自己所为了，目的无非是为了吸引市场的买单。如果量实在是很大，那么也有换主力的可能，不妨仔细观察盘中每一笔的交易，分出端倪。如果大盘回升而该股盘整放量，那么多数是主力认赔出局。

二、地量——最有价值的指标

但凡走入股市的投资者，都或多或少地研究过各种技术指标。然而，在实战之中，常常是一些指标刚发出买入信号，另一些指标却又提示你卖出。凡此种种，常常令人困惑不解，有人甚至提出了"技术指标无用论"的观点。在众多技术指标中，有没有一种没有欺骗性的、最有价值的指标呢？答案是肯定的，笔者认为，那就是——地量！

什么叫地量，地量就是行情在一个下跌周期内，成交量萎缩至很小的量，地量在行情清淡时出现得最多。此时人气涣散，交投不活，股价波幅较窄，场内套利机会不多，几乎没有任何赚钱效应。持股的不想卖股，持币的不愿买股，于是，地量的出现就很容易理解了。这一时期往往是长线买家进场的时机。

地量在股价即将见底时出现较多。一只股票在经过一番炒作之后，总有价值回归的时候。在其漫漫下跌途中，虽然偶有地量出现，但很快就会被更多的抛压淹没，可见此时的地量持续性极差。而在股价即将见底时，该卖的都已经卖了，没有卖的也不想再卖了，于是，地量不断出现，而且持续性较强。在这一时期内介入，只要能忍受得住时间的考验，一般会有所斩获。

地量在庄家震仓洗盘的末期也必然要出现。任何庄家在坐庄的时候，都不愿意为他人抬轿子，以免加大套利压力，于是，拉升前反复震仓、清洗获利盘就显得非常必要了。那么，庄家如何判断自己震仓是否有效，是否该告一段落呢？这其中的方法与手段很多，地量的出现便是技术上的一个重要信号。此时，持股的不愿意再低价抛售，而持币的由于对该股后市走向迷茫，也不敢轻易进场抢反弹，于是成交清淡，地量便出现了，而且一般还具有一定的持续性。这一时期往往是中线进场的时机，如果再结合其他基本面、技术面的分析，一般来说均会有上佳的收益。

高老师经典股市总结：股市顶是涨出来，绝不可能想出来。

> 股市底是跌出来，不可能是测出来，
>
> 股市顶是涨出来，绝不可能想出来。

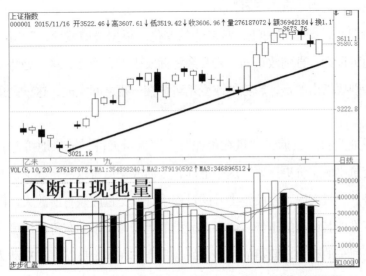

图4-16 上证指数，2015年9月下旬，日K线，"地量"验证图

图4-16说明：上证指数，日K线，在2015年9月下旬日开始，成交量缩小，10月上旬开始出现递增现象，股价也震荡上行，说明一波上升行情开始了。

地量在拉升前整理的时候也会间断性地出现。一只股票在拉升前，总要不断地确认盘子是否已经很轻，以免拉升时压力过大而坐庄失败。换句话说，就是拉升前要让大部分筹码保持良好的锁定性，即"锁仓"。而要判断一只股票的锁仓程度，从技术上来说，地量间断性地出现是一个较好的信号，由于庄家需要不断地对倒制造成交量以达到震仓目的，所以，这一阶段中，地量的出现是间断性的。如果能在这一时期的末期跟上庄，你可能会吃到这只股票最有肉的一段。

三、成交量配合均线判断趋势

学会如何看盘，掌握看盘的基本知识和技巧，对于每一位长期在证券市场上搏杀的投资者来说是一门极其重要的必修课，它关系到投资的成功与失败，关系到财富的获得或损失。在通常情况下，投资者在看盘时需要注意以下三个要点，称之为"盘面三看"。

一看趋势，即密切关注大盘趋势的变化。根据通道理论，股指一般会沿着某一趋势运行，直到政策面、宏观经济面发生重大变化，这一趋势才会逐步改变。特别要指出的是，趋势的改变不可能在一夜之间完成，这就是所谓的惯性作用。

二看成交量。股谚云"量在价先"、"天量天价，地量地价"，说的就是"成交量比成交价更重要"这个道理，因为成交量可以决定成交价及其后的股价走势。一般来说，在股指上升的过程中，成交量应该有所放大，因为只有这样才能维持其原有的走势。如果把股指的上涨看做是列车行进速度的话，成交量就是列车的动力，股指的上涨就好像是列车在走上坡路，没有动力是万万不能的。而下跌就好像是列车在走下坡路，不需太大的动力或根本不需动力，因为此时惯性起到了巨大的作用。如在2015年6月中旬，上证指数见顶5178点后，成交量不再放大，增量资金不再入市，成交量也开始萎缩，这表明资金开始逐渐出逃，股指焉有不跌之理？可这一跌一直跌到2015年9月中下旬，2900点左右，几乎把2015年上半年的赢利消耗了三分之二，直跌到2900点左右时，几乎把2010年的赢利消耗殆尽。正是在2661点时，两市成交量开始明显放大，表明场外增量资金开始介入，股指才得以拐头向上。

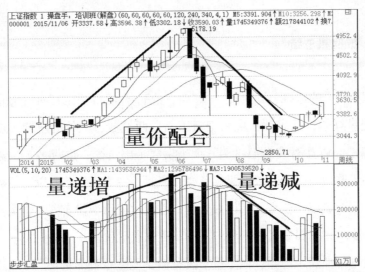

图4-17 上证指数，2015年6月中旬前后，周K线，"量价配合"验证图

　　图4-17说明：上证指数，周K线，在2015年2月下旬前开始，成交量开始出现递增现象，股价也震荡上行，说明一波上升行情开始了。同样在2015年6月下旬前开始，成交量开始出现递减现象，股价也震荡下行，说明一波下跌行情开始了。

　　三看均线，即密切关注均线的走向。一般说来，股指在长时间上涨后，如果5日均线下穿10日均线就应该引起警惕。若10日均线下穿30日均线，就应该考虑卖出股票。而当30日均线调头下行时，则应果断离场，不管你此时是亏损还是赢利。这里提醒投资者注意的是，如果你在第一次均线死叉时没能出逃，股价很可能还有一次反抽的机会，这时大盘K线形态会形成一个双头或双顶，此时则是投资者最后的机会。反之，若股指在长时间下跌后，如出现5日均线上穿10日均线，则应视作是一个较佳的短线买点，而若10日均线上穿30日均线，则可视之为中长线买点。

　　上面所讲的"三看"是相辅相成的，"二看"和"一看"都是绝对不行的，更为重要的是，除了盘面"三看"之外，尤其应关注宏观经济面和政策面的变化，万万不可逆势而动，拿鸡蛋碰石头。

四、成交量总结

这里要说明的是：股价"上涨"一定要有量配合，股价"下跌"不要量的配合。

成交量红色柱状表示：主力当日不断以两位数、三位数连续买进，或以一位数卖出，收盘时表示当日买气大于卖气（出货少，进货多），当日收盘价一般高于昨日收盘价。成交量绿色柱状表示：主力当日不断以三位数、四位数连续卖出，或以一位数、二位数买进，收盘时表示当日卖气大于买气（出货多，进货少），当日收盘价一般"低于"昨日收盘价。

高老师经典股市总结：世上股市没有神，凡是炒股都是人。

1. 上升趋势形成后，相对底部放量表示：以后股价、股指要"震荡上行"。

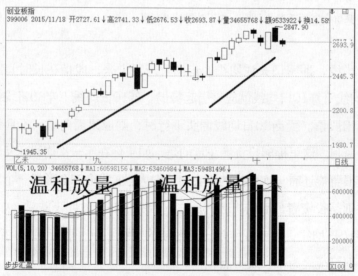

图4-18　创业板指，日K线，2015年10月上旬和11月上旬两次"相对底部温和放量"验证图

图4-18说明：创业板指，日K线，10月上旬和11月上旬两次"相对底部温和放量"每次股指也震荡上行，说明一波上升行情开始了。至11月20日截图日止，股指已有30%左右的涨幅。

世上股市没有神，凡是炒股都是人，

是人没有不犯错，就看你是哪种人。

先知先觉不是神，他们认为自己能。

市场因为永远对，市场才是真股神。

2. 下降趋势形成后，相对顶部温和缩量表示：以后股价、股指要"震荡下行"。

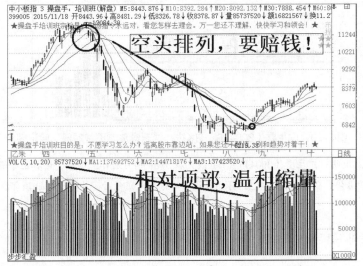

图4-19　中小板指 2015年6月中旬，日K线，"相对顶部温和缩量"验证图

图4-19说明：中小板指，日K线，2015年6月中旬"相对顶部温和缩量"股指也震荡下行，说明一波下降行情开始了。至11月20日截图日止，股指还有25%左右的跌幅。

高老师经典股市总结：想方设法去研究，最终目的为买卖。

政策反映在趋势，你说到底是不是，

你想要问为什么，赚钱还是靠趋势。

技术一切为买卖，均线均量 KDJ，

想方设法去研究，最终目的为买卖。

3. 无量"涨停"不是顶部。

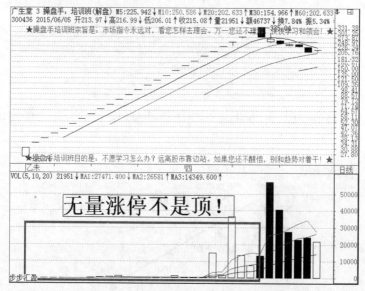

图4-20　广生堂（300436）日K线，"无量涨停不是顶部"验证图

图4-20说明：广生堂（300436）日K线，在2015年4月22日上市后，连拉22个涨停板，属典型的无量涨停，仍未见顶。直至5月28日放了一根巨大阴量后，才算阶段性顶部成立了。

高老师经典股市总结：相信技术能赚钱，炒股也要高科技。

生活领域高科技，手机电脑计算器，

家家户户人人有，日常生活很便利。

相信技术能赚钱，炒股也要高科技，

科技管用不管用？看你会用不会用！

4. 无量"跌停"不是底部。

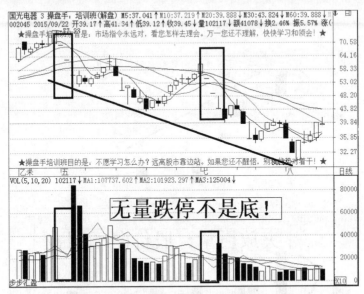

图4-21 国光电器（002045）日K线，"无量跌停不是底部"验证图

图4-21说明：国光电器（002045）日K线，在2015年7月14-16日、8月24-26日，两次连续三天跌停板，仍未见底。直至9月15日，"阶段性部底部"才算成立了。

高老师经典股市总结：炒股有了高科技，解套赚钱能实现。

> 国防有了高科技，打仗有了核武器。
>
> 汽车有了高科技，可以配置导航仪。
>
> 炒股有了导航仪，股市赚钱零距离！
>
> 炒股有了高科技，解套赚钱能实现。

5. 当日放近期巨量，第二天股价反转。反转向下，较多见；反转向上，较少见。

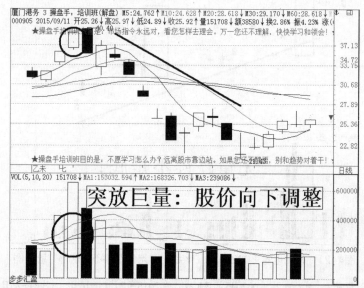

图4-22 厦门港务（000905）日K线，2015年8月17日当日放近期巨量，
第二天股价反转向下验证图

图4-22说明：厦门港务（000905）日K线，该股2015年8月17日当日放近期巨量，股价在40.40元，按常人思维，放巨量股价理应向上，结果是股价不上而下，成交量呈递减状态。

小结：

以上介绍了有关成交量的各种情况的变化，都是笔者长期实战总结而成，供大家在实战中参考吧。

高老师经典股市总结：地量买进要满仓，天量卖出要逃跑。

> 买时量大卖时小，一买一卖见分晓；
>
> 地量买进要满仓，天量卖出要逃跑！

（大趋势软件，已把上面所述程序化，明确给你下达当天的各种文字指令，只要你坚决执行即可。）

掌握量能理论口诀，量能理论核心是：

> 买时量大卖时小，一买一卖见分晓；
>
> 下达买进要满仓，下达卖出要逃跑！

领会者，得股市天下也！执行者，股圣也！

第八节　牛市及熊市有何区别

> 牛市做多赚大钱，波段买卖见分晓；
>
> 下达买进要满仓，下达卖出要逃跑！

一、牛市投资的技巧是，坚决看多并做多且赚大钱（牛市理论的核心）。

所谓牛市，简单地讲，就是在宏观经济面向好的推动下整体行情看涨，买盘较多的市场状况。在这种市场现状下，由于大盘走势一般较为乐观，各种对市场的利好消息较为明朗。投资者在牛市中所应注意的操作要领大致有以下几点：

1. 果断操作。购股坚决，选中即购，不可犹豫不决，正所谓机会就是利润，不可轻失。在消息面较为明朗，理性分析已经明确了投资方向和投资品种时，应立即购买。因为，在实行涨停板制度的牛市情况下，稍微的犹豫不决将会错过几个涨浪，而当再行购买时，利润率的余地就已经所剩无几。

2. 冷静操作。持股坚定，不听信小道和谣言，牛市持股莫悔。在股票市场上，不论是牛市还是熊市，都会有漩涡，投资者必须辨别什么是陷阱，什么是机会。一般股民常被谣言所吓住，或见风即逃，或听谣即溜，错失了牛市的获利机会。在牛市里，难免有庄家操盘，一些机构为了使大盘能够上涨，在牛市发展到一段时期之后，往往会采取"震仓"手法，将一些持股意志不坚定的散客股民恐吓出市。在这种时候，投资者首先要明确庄家的意图，在确定了大盘的牛市走势时，应坚定信心，不为手段和谣言所动，跟定牛市的走势，决不轻易出仓减仓，这是牛市获利的关键。

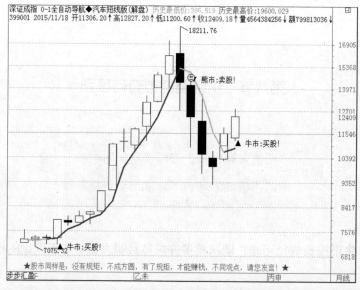

图4-23   深证成指，月K线"牛市理论"实战图

图4-23说明：深证成指，月K线，股指从2014年7月中旬开始进入牛市行情，股指在7500点左右，经过12月的震荡拉升，在2015年6月中旬止，牛市行情结束。当时股指在18000点左右，股指涨幅已达130%左右。经过4个月的熊市调整，于2015年10月上旬开始又进入牛市了行情。

3. 集中操作。由于牛市总的行情是"上涨趋势"，市场利好，收益的概率相对较大。因此，要把资金相对地集中起来进行操作。应遵循利益最大化原则，将资金主力投向成长性较好的个股并且集中投资，有些股种的特征是牛市牛涨，熊市熊跌（通常是指那些股价不高，盘子较小的二线股），那么在牛市来临时，不妨逢低购入这些股种建仓。这是风险分散理论在实际行情下的特定运用，不可死守教条；当然也要以股种的选择策略较为正确为前提。

4. 分期操作。股市有言：牛久必熊，熊久必牛。初入牛市之时，行情看涨，投资者应尽量满仓。牛市持续一段时日之后，如果没有利空消息出台，牛市即将进入中期阶段，满仓者应及时调整股种，将资金向短期移动平均线向上移动且穿过长期移动平均线的个股，而且短期线的斜率越大越是应该选择的对象。一般来说，在牛市中只要在所谓"黄金交叉点"处购入个股，其利也稳，其益也丰。牛市发展了一段时日，行情一般将会出现转向，投资者应在预期收益率和实际收益率之间进行比较，结合行情利空和利好的实际状况，适当分批分期减仓，首先要减那些利润率已很高，上冲余地不大的个股，同时选择一些业绩稳健的绩优股，以回避风险。

掌握牛市理论口诀，牛市理论的核心是：

> 牛市做多赚大钱，波段买卖见分晓；
> 下达买进要满仓，下达卖出要逃跑！

领会者，得股市天下也！执行者，股圣也！

二、熊市投资的技巧，坚决看空并做空

> 发现熊市快快走，学会空仓是高手；
> 等到牛市再进场，下达卖出要空手！

所谓熊市，是指行情看跌，股价低靡，指数下挫，卖者较多的市场状况。熊市的操作根据老股民的经验应是将平时的选股指标反过来分析。当然，即使有了一定的分析，实际选择可以出仓的股票往往要比选择建仓的股票更为困难。因为，你选择购买它时，要经过认真考虑，而现在却要将它否定，当然难。但是，如果一旦"熊市大势"已定，再曾经看好的股票也要重新考虑。因此，在熊市里，确定一条理念就是："卖一招"为主，伺机而进。在这样的理

念下，还要注意以下的操作要领：

1. 适当的"休息和等待"。在熊市里不要将"大量的精力"花在行情的关注上，而要将眼光更多盯住政策、行业、企业等市场背后的因素发展动向，为下一轮的行情作准备。在熊市时应增加研究"趋势和市场"这方面的研究工作。2. 根据市场热点的变化适时地调整股种，转移投资，增加选择绩优品数，剔除投机品种。总之，初期进行试探性地出仓；中期坚决出仓，不恋市不捂股；后期果断进仓，看准时机，赚取短期利益。但是，在大势未明之前，一般不宜贪利恋市，以持币旁观为上策，否则，熊市意味着利益的损失。

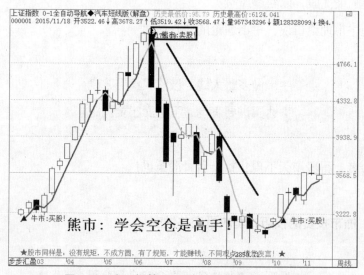

图4-24　上证指数，周K线"熊市理论"实战图

图4-24说明：上证指数，周K线，股指从2015年6月中旬开始进入熊市行情，股指在5178点左右，经过12周的震荡下跌，在2015年9月下旬止，熊市行情结束。当时股指在2900点左右，股指跌幅已达40%左右。经过6周的横盘调整，于2015年10月上旬开始又进入牛市了行情。

2. 分期操作。熊市的初期，由于很多信息尚未明朗，一般应取试探性调整的办法。即对一些持有量较大、价位尚在波动的股票逐步减磅出货。出货后如判断价格还会上升，不妨逢低适量吸纳。但对于一些价高已获利的股票应坚决出仓，否则，待熊市来临它们将会顺势狂跌。果断出仓可以避免暴跌的重创。熊市中期，一般的劣绩股都会原形毕露，这时，如果仓中还有这类股票，应果断地将其出清，调换那些下跌幅度较小、抗跌风险能力较强的股票。之所以这样操作，主要考虑到未来波浪的启动将是由这些股票来带动的。熊市的谷底应考虑购进，一般果断地在熊市末期进仓的投资者往往是最大的赢家。

（大趋势软件，已把上面所述程序化，明确给你下达当天的各种文字指令，只要你坚决执行即可。）

掌握熊市理论口诀，熊市理论的核心是：

> 发现熊市快快走，学会空仓是高手；
>
> 等到牛市再进场，下达卖出要空手！

领会者，得股市天下也！执行者，股圣也！

第九节　快速抓涨停板的技巧

一、每日上午9:00开机做准备工作

第一步：9:25先看开盘价涨幅前列的；

第二步：9:25-9:30看K线图判明类型；

第三步：9:30-9:35看前5分钟走势；

第四步：9:35-9:45果断买入。

二、选出追击涨停撞顶的股票

短线操作讲究的是时间和效率，获利的关键在于把握机会，所以介入的

股票并不需要考虑一周以上的走势，立足于超短线的甚至连两天的走势都无需设想，仅仅知道次日的涨跌即可。而追击涨停撞顶的股票，则是一种较稳妥的短线获利手法。

所谓涨停撞顶，是指股价在上涨过程中，进入到加速上扬阶段，当日以涨停报收，收盘价正好达到前期顶部或成交密集区，当日成交量明显放大，股价行进气势如虹。

涨停撞顶，不管撞的是前期低位小头部，还是较大的历史成交密集区，次日获利十拿九稳。其原因在于，主力既然敢于以涨停的方式挑战前一头部，说明志在必得，上涨已成主旋律。如果大盘平稳，且个股基本面不拖后腿，则一轮涨势必将出现。

如果此时股价均线系统已经走好，60日均线走平或者向上，则酝酿的是较大的市场机会；如果60日均线朝下，则只有超短线机会，在没有板块效应的情况下，次日逢高卖出是最佳选择；如果涨停撞顶时，具有龙头效应，且带动指数上扬，则是难得机遇，不可因对顶部的顾虑而错失良机。

在参与涨停撞顶个股时需要注意的是，最好是在涨停打开又迅速封死的瞬间介入。因为是在冲击前一头部，所以触及涨停板后打开的可能也大，如果介入过早，当日可能吃套。涨停打开，经过震仓后再次封死，说明大势已定，可大胆参与。

三、狙击超跌反弹涨停板的股票

一般而言，超跌反弹涨停板不宜捕捉，但如符合以下条件，则获利的机会还是很大：

1. 上方没有明显的阻力区。超跌反弹时最大的阻力区并非是技术上或者心理上的，而是筹码分布形成的阻力区。因为市场长期困扰在熊市中，投资者见涨即抛，只要些微的成交密集区即可形成强阻力；而且在大盘并不疯狂的情况下，主力也没有必要强行突破阻力区。一般股票在触及阻力区时，都会大幅回调。因此在个股行至阻力区时，只要停止上涨，即可抛出。

2. 最好是主力被套。主力被套，从前期量价分布可以清楚辨别。目前价位离主力成本区越远，则反弹的动能越强烈，反弹的高度越可观。抓住主力自救的机会，可以轻易享受主力抬轿的乐趣。

3. 业绩不太差。业绩太差，主力正好利用涨停板减仓。近期一些股票在涨停板打开后，巨量成交，而后大幅走低。察看业绩，主要是巨额亏损。其实业绩亏损股从其前期走势也可看出，K线图逐阶下滑，长期没有资金介入，主力减仓的意图是非常明显的。

4. 最好是发生在屡跌不破的底部，说明主力不想再往下做，下跌中继的可能较小，上攻的概率较大。

5. 封停要坚决。不论是早市封停，还是下午封停，都需要主力态度坚决，封势迅猛。这说明主力想迅速脱离成本区，或者看好后市，所以抓紧时间抢夺筹码。

6. 成交量不能太大。换手率在5%左右较好，换手率低于3%，一般说明次日上冲空间较大。

7. 获利的根本保证是最好有板块效应。如果个股属于当前市场的热门板块，则基本可以稳定获利。

8. 大盘不能太坏，大趋势要向上。最好是在底部有可能发生强反弹的地方。如果个股涨停对大盘有带动作用则是最佳选择。

9. 捕捉的办法是以涨停价追龙头股，或者在龙头股封停时抓跟风最紧密、上涨最凶的次龙头。

四、涨停次日介入的机会的股票

一般涨停次日早晨迅速大幅上攻的，冲高回落的可能较大。既使再次迅速涨停，短期内也没有油水了，追高的意义不大。如果早晨冲高幅度在3%左右，而后回落的，下午再度发动攻势，说明主力往上做的决心很大，可以在明显放量上攻的第二波介入。

五、追踪底部涨停股的股票

当个股经历漫漫熊途下跌至低位，或是长期持续横盘整理后，一旦在低位出现了量价配合理想的涨停板，这通常是空头能量释放完毕，多头开始反攻的标志，意味着新一轮行情的到来。大多数已创出年内新低。极为充分的股价调整为中期见底创造了条件。

实战中具有较高参与价值的个股在底部第一个涨停板时成交量并不会很大，分时走势上呈现明显的涨停前放量，涨停后迅速缩量且封涨停时间较早的特点，这类个股通常可以迅速参与追涨，获利概率很大。

随后的盘整呈强势特征，即反复站在涨停位置上方震荡，而且呈现震荡盘升格局，说明介入资金具有中期性质。

均有基本面题材的刺激，包括中期业绩"利空"的明朗、资产重组等。利好、利空消息均带来上攻动力，表明股价调整已到位，而且潜在的利好因素可能推动一轮中级行情的展开。

六、怎样把握涨停板个股未来走势的股票

观察涨停个股的盘面表现与涨停板的封板量。

所谓的封板量就是在涨停板第一委买栏中的委托量，一般当封板量÷当日成交量>1，表示买气较大，次日仍会有高点；

若封板量÷当日成交量>5，次日仍有涨停可能，当天走势，开盘即封停，表示做多意愿坚决，不开板坚决持有；

虽有开板，3分钟内又被封板，继续持有，否则可出局；开盘后直线拉涨停，多为强庄所为，关注次日走势，一旦次日冲高不能封板且成交量过大则果断卖出；震荡涨停板，一般不易被发现，即使发现该股涨幅已大，盘中震荡易

使前几日获利盘洗出，这一类涨停板个股上升空间更大。

涨停板个股的次日开盘情况：

1. 平开。说明主力有借昨日的涨停压低出货的可能，该股下破昨日涨幅一半时，可借反弹出货；

2. 低开。若次日出现低开，但并没有出现单边下跌，反而快速被拉起或再一次涨停，应视为洗盘，低开后不能快速拉起，可视为出货；

3. 高开。高开后一般会上冲，若在二波不能涨停时可短线卖出；一旦形成长上影K线，收盘前也应了结；

4. 高开低走。若高开后立即回调，可能是主力出逃或洗盘，关键要看下调后能否在半小时之内再一次把股价拉回开盘点之上，否则出局。

5. 涨停板上放大量。大成交量一般有两种意义，一是主力进一步建仓，二是主力出货。怎样来判断主力出货还是建仓？

首先要对比股票前期底部与现在涨停后放量时的距离，若前期底部与涨停放量处有30%以上，就必须注意主力有出货的可能。

第二看放量前股价的走势，如果是较强上升至涨停板放量处，一般主力很难出货或者很难全身而退，这类个股还会有第二次放量的机会。在放量的个股中，当天的走势和未来几日的走势也能大体推算主力动向，若放量当天仍以涨停报收，那么，未来仍有一定上升空间；若当天放量拉出带有上影线的阴线，那么短期调整不可避免；如果当天放量拉出阴线，后几日不破10日均线，并且放量再次攻破前期放量高点，未来仍有上升空间。

七、如何利用涨停板抓大黑马的股票

1. 涨停板无量，则说明没有抛盘，则还有继续上冲、乃至继续涨停的可能性。可以谨慎追涨。

2. 涨停板放量，则说明存在多空分歧。放量越大，分歧越多。后市走势就看多空的后继力量谁大。分两种情况：涨停板上抛盘大于买盘，则后市有利

于看跌。涨停板上买盘大于卖盘，后继仍旧是买盘占据上风，则有利于后市继续看多。只要后继买盘充足，则涨停板上放大量之后，仍旧有追涨余地。涨停板上放大量要不要卖出，需要结合基本面进行分析，研判正常的价格定位应该是多少，从而帮助研判目前价位的高低。

3. 涨停板价格，往往构成重要的技术位。某一个涨停板价格如果后市被跌破，则往往成为阻力位。股价再对这一位置进行反抽，无法有效通过的话，则这一位置附近就成为抛空的价位区。

相反，如果某一涨停板价格后市经受考验，有效支撑住，则证明这一位置成了短线的支撑位，股价再对这一位置进行考验，无法有效跌破的话，则这一位置附近就成为逢低买进的价位区。

八、区别对待涨停打开的股票

对于处在历史低位的个股，由于投资者对能否转强尚存疑虑，当大势出现震荡，难免会产生见好就收做个短差的心态，主力资金也借助这种心态进行震荡，以达到获得廉价筹码的目的。由于处在低位，应该是介入的极佳品种，但由于主力资金筹码可能收集不充分，后市出现反复的可能性比较大，但如果出现回调，则是介入的时机。

对于已经走出底部的个股，特别是那些经过长期平台蓄势的个股，在大盘的探底过程中，相当抗跌，显示主力资金的筹码已经有较好的控制能力，随大势向上突破后，出现一定的震荡，可以增加市场的持筹成本，为今后进一步的拉升创造条件。由于正处于洗盘阶段，今后可能迅速进入主升段，因此应该是中短线关注的重点。

另外，对于处在高位，特别是历史高位的老庄股，震荡通常是主力出货的一个手段，由于风险较大，投资者应敬而远之。

九、如何选次日将涨停或大涨的短线黑马的股票

符合下面条件的个股，次日容易涨停或大涨：

1. 流通盘小于3000万股、股价低，即流通市值要小。但首先流通盘要小，其次才是股价要低（流通市值小、流通盘小，抛压就轻，庄家易拉升，易抵挡大盘的不利，如：一个流通市值1亿—5亿元的个股，碰到大盘不好时，只要庄家手中有几亿元资金，若市场狂抛，了不起就全吃掉；若是一个流通市值十几亿或几十亿元的个股，碰到大盘不好时，庄家往往只好让它跌，一般不敢接，若接进，万一市场狂抛，哪里有那么多钱去继续接？一般来说，庄家手中几亿元资金是有的，但十几亿或几十亿元则很难）。

2. 日K线组合较好（最好符合一些经典的上攻或欲涨图形）。

3. 5日、10日、30日均线呈多头排列或准多头排列。

4. 技术指标呈强势，特别是日MACD即将出红柱，且5分钟、15分钟、30分钟MACD至少有两个即将或已出一两根红柱（此条件非常关键）。

一般来说，要选出好股，特别是选出次日将涨停或大涨的短线黑马是非常难的。但有一些诀窍，平时注意广泛、深入地收集个股的消息，对有消息的个股再进行深入、细致的调研，在有真实消息的个股中，再选出符合上述四个条件的个股来，经过这样挑选出来的个股，往往成为短线黑马，次日往往涨停或大涨。

十、如何选当日将涨停或大涨的短线黑马的股票

1. 可于9点25分集合竞价后，并于9点30分正式交易前的5分钟内，立即到沪深"量比排行榜"及"涨幅排行榜"中查看前10名的个股并及时记录下来，对沪深量比排行榜及涨幅排行榜前10名中均出现的个股要特别留意。

2. 9点30分正式交易10分钟后即9点40分左右，再到沪"深量比排行榜"及"涨幅排行榜"中查看前10名的个股并及时记录下来。

3. 选出1与2中均出现的个股，对其中的个股，可分成3组：第一组，日K线组合较好（最好符合一些经典的上攻或欲涨图形），5日、10日、30日均线呈多头排列或准多头排列及技术指标呈强势，特别是日MACD即将出红柱，且5分钟、15分钟、30分钟MACD至少有两个即将或已出一两根红柱；第二组，股价严重超跌、技术指标（如，6日RSI）出现底背离且当日动态日K线为阳线；第三组，其余的均归为该组。

4. 对3中的第一组及第二组要特别留意，这两组中的个股，不仅当日容易涨停或大涨，而且次日或随后几日还将上涨；第一组中容易跑出龙头股，第二组中容易出现V型反转的黑马，第三组中好坏均有，对其中破位下跌的个股坚决不能碰。

5. 对3中的第一组及第二组的个股，可乘其盘中回调至均线附近时吸纳，特别是若盘中回调至均线以下1%—2%时，应是买入良机。

6. 对于符合1与条件A或条件B的个股，若涨幅小于2%或1%时，开盘后即可立即追进。5日、10日、30日均线呈多头排列或准多头排列及技术指标呈强势，特别是日MACD即将出红柱，且5分钟、15分钟、30分钟MACD至少有两个即将或已出一两根红柱。条件A，日K线组合较好，最好符合一些经典的上攻或欲涨图形；条件B，股价严重超跌，如技术指标，6日RSI出现底背离且当日动态日K线为阳线。

十一、捕捉涨停的股票

不是教你排队，而是看涨停后一天走势，若继续上攻，则观望；若回调，等到回调到一半的位置，建仓1/3；若继续下跌，2/3处补仓1/3。60%的个股会拉出一根大阳，如果涨停，继续持有，否则全仓出局。短线搏杀，但被套的可能不高，股票应该在底位。

十二、必封涨停经典图形的股票

1. 最强势品种：开盘一举封停、中间不开盘、封停量大。股价处于日、周线图上涨初、中期。

2. 极强势品种：开盘后3浪封停、中间不开盘、封停量大。股价处于日、周线图上涨初、中期。

3. 较强势品种：开盘后5浪封停、中间不开盘、封停量大。股价处于日、周线图上涨初、中期。

4. 一般品种：开盘后数浪封停、中间不开盘、封停量大。股价处于日、周线图上涨初、中期。

十三、涨停买入条件

1. 最好在开盘20分钟内涨停，如当天大盘不属强势，可适当延长至30分钟。如涨停时间延长至11：00，买入时的大盘必须是阳线（必须遵守）。

2. 以涨停价开盘的股票，一般要追。一直涨停至收盘的，即使报单也很难买到。

3. 开盘即涨停的股票（集合竞价即涨停），随后虽被一度打开，但又被迅速封至涨停，可追买（有风险）。

十四、当天出现多只涨停股的选择方法

1. 连续涨停的让位于初涨的；

2. 盘大的让位于盘小的；

3. 绩优的让位于绩差的；

4. 价位高的让位于价位低的；

5. 无题材、无传闻的让位于有题材、有传闻的；

6. 弱庄的让位于强庄的；

7. 符合以上条件的股票，要选择最先涨停的。

十五、追涨操作手法

1. 当日高开1%~6%，开盘后，几乎不回档，就呈75度角往上冲，待冲高至8%左右准备填单，一旦涨停则马上报单，报单的具体时间定为"卖一"为0时。

2. 下单时，"买一"上的买盘一般都有一定数量的挂单，我们的委托不会马上成交，最少要半小时以后。因此，在下单后要准备随时撤单。有些股票涨停后可一直封住到收盘。而有些股票，在我们下单后，庄家的大单（一两百万股）也随时会撤销。若数分钟后，出现"买一"上的买盘迅速减少的情况，这说明庄家开始撤单了。因此，我们必须抢在庄家的买单还没有完全撤走的一刹那，迅速将我们的委托单撤销。紧接着就会出现涨停被打开的情况。涨停被打开后，我们可以再填好单（以涨停价）等待股价再次涨停，且"卖一"又为0时，我们可以再次按确定下单。如果又出现"买一"上挂单迅速减少的情况，则我们还要再迅速第二次撤单，并不再追击此股，即便它还会第三次涨停。

十六、如何买入涨停股

1. 选股对象。介入涨停股应以短线操作为主，而且应选择低价（7元以下）或高价（20元以上）的股票（说明：低价和高价视当时大盘、股价具体情况而定），流通盘在3000万~8000万之间的个股作为首选对象。如遇流通盘一亿左右的涨停股，次日应及时出货。

2. 介入时间。个股涨停时间离开盘越早则次日走势越佳，如果某只股票在收盘前涨停，其次日走势均不理想。况且，大部分个股涨停后，在盘中总是有一次打开涨停板的机会，最佳介入时间应为再次封涨停的瞬间。

十七、买涨停股需要注意以下几点

1. 在极强的市场中，尤其是每日都有5只左右股票涨停的情况下，要大胆追涨停板。极弱的市场切不可追涨停板，机率相对偏小一些。

2. 追涨停板选有题材的新股，上市数日小幅整理，某一日忽然跳空高开并涨停的；其次是选股价长期在底部盘整，未大幅上涨涨停的；最后选强势股上涨一段时间后强势整理结束而涨停的。

3. 一定要涨停，未达到涨停时（差一分也不行）不要追，一旦发现主力有三位数以上的量向涨停板打进，立即追进，动作要快、狠。

4. 要坚持这种操作风格，不可见异思迁，以免当市场无涨停时手痒介入其他股被套而失去出击的机会。

5. 盘中及时搜索"涨幅排行榜"，对接近涨停的股票翻看其现价格，前期走势及流通盘大小，以确定是否可以作为介入对象。当涨幅达9%以上时应做好买进准备，以防主力大单封涨停而买不到。

6. 追进的股票当日所放出的成交量不可太大，一般为前一日的1-2倍为宜，可在当日开盘半小时之后简单算出。

7. 整个板块启动，要追先涨停的，即领头羊，在大牛市或极强市场中更是如此，要追就追第一个涨停的。

十八、涨停板的股追与不追

股票业绩良好或有较好的市场题材，该股票所归属的板块比较活跃，从分时走势图观察该股有主力资金的关照。此种类型的股票一旦某日上封涨停板，说明该股票即将启动，后市有较大的上升空间，可介入。

某股票受市场朦胧消息影响，股价强劲上攻后出现调整，调整结束后的第一个涨板位置可以跟进。需要注意的是成交量，一定要在未放大量而涨停时跟进。

　　某股票在短期内快速步入强势，股价连续以阳线报收，同时成交量迅速放大。当其涨幅与启动前相比达到30%左右的位置时，在此位置的涨板可以跟进。股价达到30%的涨幅，表明主力做盘的决心已下，后市将有更大幅度的空间。

　　某只股票大幅下挫，在超跌反弹的情况下出现涨停板不能追；某只股票公布利好消息，股票复盘后上攻涨停板，此时建议不介入。

十九、涨停板操作提要

　　1. 股票操作必须遵循"先大后小"的原则，即"先大盘，后个股"，涨停板买卖也不例外。追涨停，最重要的是必须要等到大盘将要出现买点或已出现买点时，此时一旦市场中出现涨停个股时，应立即买入涨停个股。具体来说，就是当大盘的30分钟或60分钟MACD将出现"小红"买点时，或已出"小红"买点，此时一旦市场中出现涨停个股时，应立即买入涨停个股。

　　2. 实战操作中，利润最大，安全最高的涨停板都会同时出现几种形态的涨停，我们称为"复合式涨停"。

　　3. 市场中首只放量涨停板个股方为我们的目标股。要做只做第一个涨停板个股。

　　4. 当涨停板个股的涨停价位刚好为一个压力点时（如30日均线，60日均线，年线，半年线等），应放弃操作。

　　5. 即时图形态应以一波，二波，三波，五波为主，不考虑多波涨停。另外，攻击的气势、力度也应细心揣摩。

二十、涨停板两种情况及操作要点

两种情况分别为不开板的和开板的涨停板，而第一种情况又分为无量空涨型和有量仍封死型；第二种情况为吃货型、洗盘型和出货型的开过板的涨停板。

无量空涨型。股价的运动从盘中解释，即买卖力量的对比，如果预期较高，没有多空分歧，则形成无量空涨。

有量但封死不开板。此类比前一类可能上涨幅度要稍逊一筹，含义是有一部分看空的抛出，但看多的更多，始终买盘庞大，拒绝开板，K线图中形成"杠"，高、开、低、收四个价合为一个价，此时且慢出手。造成这种情况的原因不外乎一是突发性政策利好；二是阶段性板块热炒；三是个股潜在重大利好，当然过去常有子虚乌有、瞎编乱造之嫌；四是主力融资期限较短，需速战速决。反正造成巨单封涨停的假象就好，自己往外甩货，有时打开之后，根据市场分时走势小量再拉上去。

第二种反复打开涨停板的情况较为复杂，主要应从股价涨幅及大势冷暖两大方面研判。

吃货型。多数处于近日无多大涨幅的低位，大势较好。低迷市、盘整市则无需在此高位吃货，特点是刚封板时可能有大买单挂在买一等处，是主力自己的，然后大单砸下，反正是对倒，肥水不流外人田，造成恐慌，诱人出货，主力在吸，之后小手笔挂在买盘，反复震荡，有封不住的感觉。

洗盘型。股价处于中位，有了一定的上涨幅度，为了提高市场成本，有时也为了高抛低吸，赚取差价，也会将自己的大买单砸漏或直接砸"非盘"（不是主力自己的货），反复震荡，大势冷暖无所谓。

出货型。股价已高，大势冷暖无所谓，因为越冷，越能吸引全场注意。此时买盘中就不能挂太多自己的了，因为是真出货，主力就要反复撤单挂单。如果追涨买入，要刻舟求剑，即比如挂在买一已有100万股，你想买1万股，则排在101万，此时成交总数比如也是100万，那么到总手为101万时，你就买进了，但如果那100万挂的买单有假，主力撤80万，那么总手在21万时，你的就买进了，可再根据接下来的走势判断第二天是否止损出货。B股为T+0，当天就要根据后面的走势决定去留。

二十一、以下几点请大家实战时注意

1. 不要认为封涨停的资金都是主力大力运作，有时仅是四两拨千斤而已，一天某股成交了200万股，并封涨停，可能主力仅动用了20万股，甚至10万股。

2. 直拉至8、9个点，而未触及涨停，尤其是早盘开盘不久，主力在吸引注意力跟风盘之后掉头向下，往往是诱多，应快跑。

3. 今天封死在涨停，第二天低开，还是出货，因为今天进去的，明日低开没获利，不情愿出，主力要出在你前头，而今天没追进的，第二天以为捡了便宜，跟风盘较多。不光是涨停板，有些尾市打高的，也是为第二天低开便于出货。

涨停板的介入点：这个介入点非常重要，追涨停板是一项高风险高收益的投机活动，也是一门艺术。介入点一定要在待涨停个股最后一分钱价位快被消耗殆尽（只剩一百多手卖单）时要快速挂单，敢于排队，一般都有希望成交，而且这个点位最安全。哪怕买不上都行。留得青山在，不怕没柴烧！最怕的就是在股票差2-3分钱涨停时就急不可待地追进，结果往往当天被套，损失惨重。

时机选择：个股出现涨停跟大盘具有较大的关联性，大盘强势时，个股涨停后往往能继续上涨；而大盘弱势时，个股的涨停往往缺乏持续性。

选择条件：近期第一次涨停；放量，当天量比在1.5以上，注意，若换手率超过10%，则可能是假涨停；涨停日之前有蓄势动作，开盘时有缺口，而且缺口最好未被封闭。

买入策略：在近期热点板块中寻找目标股，开盘半个小时内若出现放量

拉升，可买入1/2仓位；在将要涨停时买入另外1/2仓位，或在涨停打开后又重新封回时买入1/2仓位；若不出现涨停则停止买入。原则上，不涨停不买。

二十二、临盘出击短线技术

临盘出击。采取专业化的临盘出击为绝对主要手段，盘后选股为辅助手段（可以不采用）的实战操作方法。临盘出击是基于对客观要素条件很强的应变能力而产生的右侧交易。盘后静态选股则是带有很强预测成分的左侧交易。临盘出击是简洁和明快的操作体系的精髓，大多数时候，只要观察81窗口就可以了，如果你看得太多，可能反而错过了最强的股票。盘后选股选出的股第二天未必在涨幅前列。为什么不顺应市场趋势，买进最强的股票呢？

第十节 涨停板的林林总总

炒股的人大多喜欢涨停板，这是一种短平快的赚钱思维，对于行情启动初期或突破压力区，涨停板是一种强势特征和积极信号，而在行情进行到一定阶段，涨停往往是疯狂的信号，意味着风险在加大，但即使是有风险，只要不盲目追涨，个股涨停当然是件令人心情愉悦的好事。

炒股追求涨停板当然没错，尤其是刚抄底就涨停了，那是一种成功的感觉，但是从收益的角度来看，让你赚得最多会是涨个不停的牛股。涨停属于爆发性的走势，炒股追求涨停板很重要，更重要的要追求涨个不停的个股。只有涨个不停的个股，才会让你的财富成倍增长。

一、**什么样的个股才会涨个不停？** 通常来讲，涨个不停的个股应有以下几个特征：

1. 必须有充足的蓄势阶段，一般来讲，大主力运作的大牛股，其建仓期都会在半年甚至一年以上，只有充分吸筹了，才会锁仓不断拉升；

2. 一般得有凶狠彻底的洗盘，彻底洗盘的标志之一就是出现地量地价，洗得彻底之后的主升浪拉升才会轻松迭创新高；

3. 量价配合理想，涨个不停的个股量能总体是温和放大的，投资者需要从周线和月线来看量能增长；

4. 主力强大控盘有力形态完美，涨个不停的个股肯定是多头排列的，这一点地球人都知道。但同样的多头排列，只有那些上涨节奏稳步有序的个股才会涨个不停。形态完美的个股，主力大多很强大；

5. 一定得是有良好的成长性预期或实质性的朦胧题材利好支撑，基本面不必太好，只要业绩不是太差就可以了，重要的是成长性预期。冲关得靠权重，赚钱得看题材。越是具有长期性的实质性的朦胧利好，在利好明确之前，个股炒作的空间越大，越会涨个不停；

6. 是个股处于主升浪阶段，这一点很重要，但都知道不必多说。投资者可以看看目前盘面，是不是主升浪个股遍地都是。

要想捕捉到一只涨个不停的牛股，除了得有必要的技术实战能力支持外，坚定的信心，足够的耐心，平和的心态成为最终能否获取最大收益的关键。但事实却是，大多数中小投资者最缺少的就是必要的信心和足够的耐心，并因此心态总是不稳，因而不是错杀牛股就是只赚了饭钱，就是如此。不求涨停，但求涨个不停。最牛的是捕捉到以涨停板的方式连续涨个不停，但这种机会是属可遇不可求之列的。

二、基本原理

基于技术面、消息面的原因，股价存在短线上涨的临界点。此时若在股价上涨的临界点买入，则短线上涨的概率极大，通常上涨的幅度都在10%以上，有时甚至可达50%以上。

当大盘处于突破行情启动或中级上升行情之中时，如果盘中成交量连续放大，个股表现又十分活跃，那么此时就是一个比较好的追涨时机。一般而言，个股出现涨停跟大盘具有较大的关联性。在大盘强势时，个股涨停后往往能继续上涨；但在大盘处于弱势时，个股的涨停往往缺乏持续性，这时追涨就容易高位被套。

选择个股的条件：

1. 近一段时间第一次涨停。第一次涨停代表着短线上涨临界点的出现，而第二、第三个涨停却没有这种性质，其风险也在逐步加大。

2. 放量。当天量比在1.5倍以上，放量水平是5日均量的两到三倍。但放量过大也不好，若当日成交量是5日均量的5到10倍，换手率也超过10%以上，那么出现的涨停往往不能持续。

3. 涨停日之前有蓄势动作或蓄势形态，15分钟和60分钟K线已形成蓄势突破状。

4. 开盘时有缺口，而且缺口最好未被封闭，因为这说明主力是有备而来的。

三、买入策略

1. 在集合竞价后的9点25分至9点30分期间，找出目标股三只。条件：高开一个点以上；量比放大至1.5倍以上；15分钟及60分钟K线已形成蓄势突破状；以前一段时间未出现涨停，属近期热点板块。

2. 在9点30分至10点的半个小时内，若出现放量拉升，投资者可建二分之一仓位；在将要涨停时买入另外二分之一，若不出现涨停则停止买入。原则上是不涨停不买入。如果第二天股价继续走高，涨势强劲，则短线可持有。如果第二天高开走弱，立即获利了结或平仓出局；如果第二天就套牢，则止损出局。

对于涨停买入法，投资者在使用时务必十分小心，既要胆大心细，又要敏捷果断，特别要考虑大盘的强弱。通常而言，在强势市场时操作较易成功，而在弱势市场中则假突破的概率较大。

另外，个股的选择尤为重要，一般强势龙头股的操作成功率较高，而跟风股的成功率就可能会打些折扣，而且仓位上也不宜重仓买入，因为这是一种高度的投机，收益大，风险也大。

四、强市如何追涨停

1. 何谓强市？简单地说就是大盘均线处于多头排列的情况下。若为空头排列，则千万不要追涨停。

2. 追涨停的时机：经验表明，每日开盘半小时内涨停的个股大部分具有追的价值。每日9：26分左右，沪深大盘开盘时立即找一找，有没有开盘即涨停的个股？若有，立即查看买一位置上是否有数千手涨停价买盘，切至K线图看看有没有上涨的基础？

近期是否为第一个涨停？然后立即以涨停价买入（说明：笔者的习惯是将资金分四份，选择两只个股，每只个股分两个价位买入，如100万资金，开盘后见涨停个股，买入时按25万左右的资金买入）。

3. 为什么要买开盘即涨停的个股？

笔者认为，开盘即涨停不是没有理由的，通常有三个原因：

（1）出现个股重大利好，机构在前一日收盘后得到确切信息，今日开盘后立即以涨停价抢盘。

（2）个股主力经过吸纳、试盘、震仓后进入急速抬拉阶段，由于主力操盘手法特别凶悍，以涨停价开盘，避免散户抢到廉价筹码。

（3）有些个股主力希望所坐庄的个股充当大盘或板块领头羊的作用，以某个涨停价开始连续拉抬几个涨停板，创造赚钱效应，吸引散户入市跟庄。不管是什么原因，开盘后即涨停的个股大多在开盘时立即买入才有可能买到，此时必须争分夺秒，机会是以秒来计算的。

4. 涨停个股的表现：

（1）开盘半小时内涨停的个股：一般都是高开6%以上，很快涨停，刚涨停时成交放巨量，但封盘量越来越大，随后成交量萎缩，有些个股上午有一次打开涨停的机会，下午之后成交小得可怜，至尾市时几分钟才有几手、几十手的成交出现。

（2）上午开盘半小时后午市收盘前涨停的个股：盈利机会小于前者，日成交量已经很大，封盘较少，后市打开涨停板的次数较多，有些个股打开封盘后就不再封住了，因此这段时间内涨停的个股风险较大，不是不可追，但仓位要小。

（3）午后乃至尾市才涨停的个股：一般均为跟风的，封盘不坚决，封盘量很小，这类涨停股风险较大，坚决不追。

5. 操作技巧：

（1）半小时内涨停并符合前述条件、第一个涨停板的个股坚决追，据本人统计，此类个股能使你盈利的可能占80%，短期盈大利的可能占60%。

（2）如没有及时发现这类个股涨停，可重点关注一下，选择深沪股市最先涨停的各前三只个股，最好使用软件的报警装置，笔者使用的是大趋势"导航仪"软件，将选择的涨停个股选入自选股中，以各自涨停价低一分钱的价位设置低位报警。然后你可以去关注你自己的个股，当大盘出现急速下调时，其中个股有可能打开涨停板，此时系统报警，你可以注意并决定是否买它，大多个股会下调1.5%—2%，个别的能下调3%左右，买时可以此为参考价。绝大多数这类个股会迅速重新封至涨停。

6. 收市后对涨停个股的研判：

主要看日成交量和封盘量。在此仅提供一个参考值：

（1）封盘量是日成交量的80%以上，该股明日高开6%以上，能上摸涨停价，并有很大可能封死第二个涨停板。

（2）封盘量是日成交量的50%—80%，明日高开5%以上，能上摸8%—10%，也有第二个涨停封盘的可能。

（3）封盘量是日成交量的30%—50%，明日高开3%以上，能上摸6%左右。

（4）封盘量是日成交量的10%以下，明日上摸2%—3%，订好加手续费的价位，明日竞价卖出，不赔先走人。

7. 追涨停套住了怎么办？

如果你追的个股尾市封盘率小于10%，第二日以2%的上涨率申卖又没有成交，收市股价低收，此时就要以解套为重要操作目的了，你不是还有一半资金用于这只个股吗，计算一下，什么价补仓。假设你追了一只股票，涨停价是10.80元，先设定解套卖出价，以低3%为基准，10.80×0.97＝10.48元，这是你的成本加手续费的价位，去除2%手续费，成本为10.27元，你的另一半资金补仓价位应在9.74元以下，如果股价跌不到这个价位，那么你10.80元的仓位用不了几天就会解套。

五、涨停板个股的多种提前预判方法

1. 涨停板个股中，各种"含义"分析。

介入涨停股应以短线炒作为主。涨停股一般分为不开板的涨停板（又分为无量空涨型和有量仍封死型），以及开板的涨停板（分为吃货型、洗盘型和出货型）。

无量空涨型。

股价的运动从盘中解释，即买卖力量的对比。有量仍封死型比无量空涨型可能上涨幅度要稍逊一筹，其含义是有一部分看空的抛出，但看多的更多，始终买盘庞大，拒绝开板，"深天地"曾出现过买一的委托量超过其总流通股

本的奇观，庄家有意显示其超凡实力，只想告诉卖主儿一声，且慢出手。造成这种情况的原因不外乎一是突发性政策利好，机构在前一日收盘后得到确切信息，今日开盘后立即以涨停价抢盘；二是个股主力经过吸纳、试盘、震仓后进入急速抬拉阶段，或板块热炒；三是个股潜在重大利好。当然过去常有子虚乌有、瞎编乱造之嫌，个股主力希望所坐庄的个股充当大盘或板块领头羊的作用，以某个涨停价开始连续拉抬几个涨停板，创造赚钱效应，吸引散户入市跟庄；四是主力融资期限较短，需速战速决。反正造成巨单封涨停的假象就好，自己往外甩货，有时打开之后，根据市场分时走势小量再拉上去。

2. 第二种反复打开涨停板的情况较为复杂，主要应从股价涨幅及大势冷暖两大方面研判。

（1）吃货型。多数处于近日无多大涨幅的低位，大势较好。低迷市、盘整市则无需在此高位吃货，特点是刚封板时可能有大买单挂在买一等处，是主力自己的，然后大单砸下，反正是对倒，肥水不流外人田，造成恐慌，诱人出货，主力再吸，之后小手笔挂在买盘，反复震荡，有封不住的感觉。

（2）洗盘型。股价处于中位，有了一定的上涨幅度，为了提高市场成本，有时也为了高抛低吸，赚取差价，也会将自己的大买单砸漏或直接砸"非盘"（不是主力自己的货），反复震荡，大势冷暖无所谓。

（3）出货型。股价已高，大势冷暖无所谓，因为越冷，越能吸引全场注意。此时买盘中就不能挂太多自己的了，因为是真出货，主力或者撤前如果追涨买入，要刻舟求剑。

六、百战百胜，抓涨停板的三技巧

在极强的市场中，尤其是每日都有5只左右股票涨停的情况下，要大胆追涨停板。极弱的市场切不可追涨停板，机率相对偏小一些。

追涨停板——选有题材的股票，某一日忽然跳空高开并涨停的；其次是选股价长期在底部盘整，未大幅上涨涨停的；三选强势股上行一段时间后强势整理结束而涨停的。

一定要涨停，未达到涨停时（差一分也不行）不要追，一旦发现主力有三位数以上的量向涨停板买进，立即追进，动作要快、狠。买涨停股需要注意以下几点：

1. 整个板块启动，要追先涨停的即领头羊，在大牛市或极强市场中更是如此，要追就追第一个涨停的。

2. 盘中及时搜索涨幅排行榜，对接近涨停的股票翻看其现价格，前期走势及流通盘大小，以确定是否可以作为介入对象。当涨幅达9%以上时应做好买进准备，以防主力大单封涨停而买不到。

3. 要坚持这种操作风格，不可见异思迁，以免当市场无涨停时手痒介入其他股被套而失去出击的机会。

要做到百战百胜，只有多重条件的联合使用。当一只个股符合我们出击的全部条件时，尽管大胆地买进，可让你做到追进涨停板后再赚一个涨停板。

七、如何发现涨停股的蛛丝马迹

如果问炒股者最爱什么？答案很标准：当然是手中持有的股票涨停板！就如同不想当将军的士兵不是好兵一样，不想抓涨停板的股民绝不是好股民。然而，如何发现涨停股的蛛丝马迹和追涨停股就成了炒股者必备的技巧。

1. 先来谈谈如何追涨停：

追涨停板的股票有机可投：所谓涨跌停板是防止过度投机，本意是防止大盘和个股过度波动。但是，涨跌停制度其实是把"双刃剑"：一是在股票具有突然爆发性上涨冲击力时（譬如突发重大利好事件），被迫全线涨停，第二天由于利好余威还有上涨要求，就有一个明显的投机机会；二是涨跌停板对买卖股票的双方产生明显的心理影响。股票涨停后，对本来想卖股票的人来说，他会提高心理预期，想卖个更好的价码，而对想买的投资者来说，由于买不到，也会增强买股票的决心和冲动，不吝在更高的价位追高杀入。故涨跌停板的助涨助跌效应就被放大了。当一只股票即将涨停时，如果能够及时判断出今天一天涨停将被牢牢封死，马上追进，那么，第二天出现的高点将给你至少5%的获利机会。

理由很简单：拉涨停的一定不是资金有限的散户，任何一个强悍的机构，如果他今天敢拉个涨停板，且巨量封死了，不管其是否出货，明天他都必须继续拉高，以在高点造成继续强攻的架式，引诱散户追涨，才得以在高点慢慢派发，如果他第二天低开，不给昨天追涨停板的散户获利机会，那不啻是搬起石头砸自己的脚，这类傻瓜不愿做的活，机构当然也不愿做。所以，机构必须继续拉高，承接昨天追涨停散户的获利盘，否则将是追涨停板散户和机构两败俱伤，而且当然是机构损失惨重。

盘面观察发现很多机构在涨停板后，往往采取两种操盘手法：一种是封涨停时机构的大单迅速跟上，不让散户有排队买进时间，散户要想买进，必须眼明手快，不能丝毫犹豫，这对散户的技术水平和看盘水平要求比较高；另一种是在大盘下跌的情况下，逆市勉强去拉涨停，但是不封死，在涨停板位置慢慢出货，即使收盘最后以涨停报收，翌日也走不了多远，机构打个平手就会出局。

2. 再来谈谈如何发现准涨停股。

（1）应景型：譬如国庆期间的概念性主题投资大行其道：消费、旅游，军工、生物医药、重组题材的短线爆发机会非常多，抛开大盘重个股是制胜的法宝，那么如何捕捉到短线涨停股？连续上涨的热点股票有一个突出的特点就是有好的短期热点题材，如海王生物就和甲型流感题材相关，熊猫烟花和国庆题材很直接，国庆前不涨停都难。

（2）联想型：譬如创业板推出前，创投板块和中小板的个股，特别是流通盘不大的新股如世联股份；创投的大众公用、力合股份等都有过连续上涨的机会。

（3）政策型：譬如国家大力推行新能源发展。相关个股就会获得溢价预期。如金风科技、拓日新能，风帆股份等曾经是何等地风光。

（4）期货型：譬如国际黄金期货刷新历史新高。你去追中金黄金、山东黄金、紫金矿业一定不会空手而归，沉甸甸黄金你感受得到。不过，投资者参与这样的股票的时候应记住"短、平、快"的操作，要清楚风险与收益是成正比的，这类个股会随期货波动而震荡，在参与这些个股的同时要做好止损的准备。

（5）重组型：重组是中国股市魅力永恒的主题，也是丑小鸭变成白天鹅的孵化器。先前有翻了50倍跃上300元的ST重机被中国船舶重组；2009年又有翻了13倍的顺发恒业，2009年八大最牛股顺发恒业、ST国中、高淳陶瓷、中天城投、闽闽东、德豪润达、万好万家都是重组股，近期因公司重组而连续涨停的三环股份、海通集团、渤海物流等也以出类拔萃的强势表现成为弱市中的亮点。

八、实盘操作最高技法：龙头战法

龙头战法是我们在股市征战十年的精髓，核心思想是："我是猎豹，我怕谁，学会像猎豹一样，快、狠、准捕食。"

龙头战法是实盘操作的最高技法，是基本分析、技术分析和心理素质的综合体现。

1. 龙头股具备五个条件

个股要成为龙头，必须具备五个基本条件：

第一，龙头个股必须从涨停板开始。不能涨停的股票不可能做龙头。事实上，涨停板是多空双方最准确的攻击信号，是所有黑马的摇篮，是龙头的发源地。

第二，龙头个股一定是低价的，一般不超过10元，因为高价股不具备炒作空间，不可能做龙头，只有低价股才能得到股民追捧，成为大众情人——龙头。

第三，龙头个股流通市值要适中，适合大资金运作，大市值股票和小盘股都不可能充当龙头。

第四，龙头个股必须同时满足日线KDJ、周线KDJ、月线KDJ同时低位金叉。

第五，龙头个股通常在大盘下跌末端，市场恐慌时，逆市涨停，提前见底，或者先于大盘启动，并且经受大盘一轮下跌考验。

2. 龙头股识别特征

龙头个股的识别，要求具备丰富的实盘经验，实践中我们总结出用两个特征识别龙头个股。

第一，从热点切换中辨别龙头个股。通常大盘经过一轮急跌，会切换出新的热点，2014年12月上旬金融证券板块，龙头600030中信证券。

第二，用放量性质识别龙头个股。个股的放量有攻击性放量和补仓性放量两种，如果个股出现连续三日以上放量，称为攻击性放量；如果个股只有单日放量，称为补仓性放量，龙头个股必须具备攻击性放量特征。

3. 龙头股买卖要点及技巧

买入要点和技巧：实盘中，要学会只做龙头，只要热点，只做涨停，选择的操作标的，要求同时满足三个条件：

（1）周KDJ在20以下金叉；

（2）日线SAR指标第一次发出买进信号；

（3）底部第一次放量，第一个涨停板。

买入要点：龙头个股涨停开闸放水时买入，未开板的个股，第二天该股若高开，即可在涨幅1.5%—3.5%之间介入。

买出要点和技巧：

（1）连续涨停的龙头个股，要耐心持股，一直到不再涨停，收盘前10分钟卖出。

（2）不连续涨停的龙头个股，用日线SAR指标判断，SAR指标是中线指标，中线持有该股，直到SAR指标第一次转为卖出信号。

4. 龙头股操作风险控制

龙头个股操作要遵循严格纪律：

（1）实战操作的根本要求是客观化、定量化、保护化。实战中绝对不允许有模棱两可的操作情况出现，市场信号是实战操作的唯一，也是最高原则。

（2）给出精确严格的止损点并誓死执行，则什么股票我们都敢做，因为风险已经被我们锁定，这是实战操盘手的最高实战行为圣经。

总结：笔者把"涨停股"的林林总总、方方面面，做了详细介绍，有一条对你有用，就请你记牢其中一条，有两条对你有用，就请你记牢其中两条，一条都用不上，仍旧按自己的方法去做，只要能赚到钱就行，有一句话请你记住：炒股不要太任性。

第五章

赚钱篇

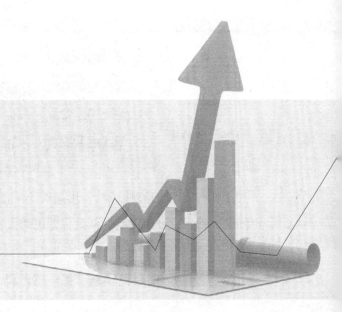

第一节　用"普通技术指标"操作，能赚到钱吗

> 炒股实质就两招，买股卖股各一招，
>
> 肯定招招能赚钱，招招都是大绝招。
>
> 大阳大阴定输赢，一买一卖见分晓；
>
> 大阳线后要满仓，大阴线后要逃跑！

下面将20年的实战经验，用两类不同的技术指标，给大家验证一下，你可任选一种，并一定做到，从此你即可跨入富人圈了。

一、普通技术指标：K线"买一招，卖一招"验证图

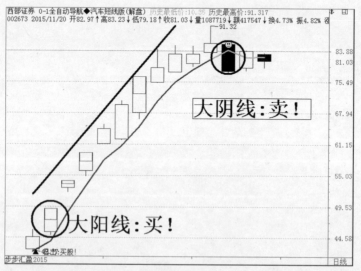

图5-1　西部证券（002673）日K线，"大阳线买、大阴线卖"实战图

图5-1说明：西部证券（002673）日K线，股价从2015年11月4日出现一根"大阳"线，股价在45.00元左右开始进入牛市行情，经过10天的震荡拉升，当时股价在91.00元左右，涨幅已有100%左右。在2015年11月18日出现一根"大阴"线，"短线"者可获利了结，落袋为安。

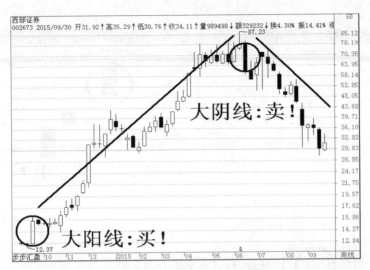

图5-2 西部证券（002673）周K线，"大阳线买、大阴线卖"实战图

图5-2说明：西部证券（002673）周K线，股价从2014年9月26日出现一根"大阳"线，股价在15.00元左右开始进入牛市行情，经过38周的震荡拉升，当时股价在76.00元左右，涨幅已有500%左右。在2015年6月19日出现一根"大阴"线，"中线"者可获利了结，落袋为安。

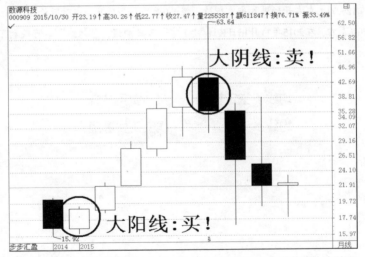

图5-3 数源科技（000909）月K线，"大阳线买、大阴线卖"实战图

图5-3说明：数源科技（000909）月K线，股价从2011年1月出现一根"大阳"线，股价在18.00元左右开始进入牛市行情，经过5个月的震荡拉升，当时股价在63.00元左右，涨幅已有300%左右。在2015年6月出现一根"大阴"线，"长线"者可获利了结，落袋为安。

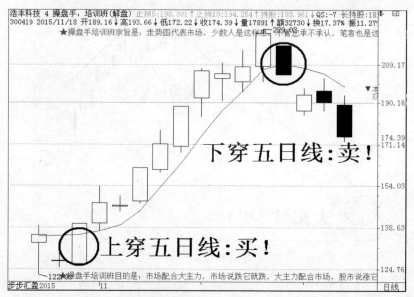

浩丰科技 4 操盘手 培训班(解盘) 止损5:198.301↑止损10:194.254↑持股:193.961↓QS:-7 长持股:18↑ 日
300419 2015/11/18 开189.16△高193.66↓低172.22↓收174.39↓量17891↑额32730↓换17.37% 振11.27%
★操盘手培训班宗旨是：走势图代表市场，少数人是这样想，不肯认承不承认，笔者也是这

下穿五日线：卖！

上穿五日线：买！

122★操盘手培训班目的是：市场配合大主力，市场说跌它就跌，大主力配合市场，股市说涨它

图5-4   浩丰科技（300419）日K线，五日均线"买一招、卖一招"实战图

图5-4说明：浩丰科技（300419）日K线，股价从2015年10月30日，K线"上穿"五日均线，股价在125.00元左右开始进入牛市行情，经过9天的震荡拉升，当时股价在228.00元左右，涨幅已有70%左右。在2015年11月13日K线"下穿"五日均线，"短线"者可获利了结，落袋为安。

均线多空定输赢，一买一卖见分晓；

均线多头要满仓，均线空头要逃跑！

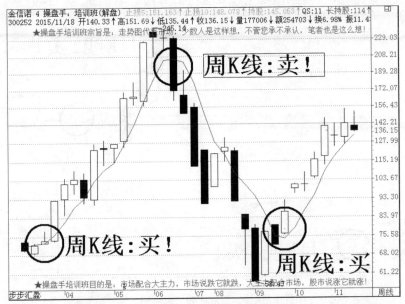

图5-5 金信诺（300252）周K线，五周均线"买一招、卖一招"实战图

图5-5说明：金信诺（300252）周K线，股价从2015年3月30日，K线"上穿"五周均线，股价在70.00元左右开始进入牛市行情，经过13周的震荡拉升，当时股价在254.00元左右，涨幅已有230%左右。在2015年6月19日K线"下穿"五周均线，"中线"者可获利了结，落袋为安。

股价又从2015年9月11日，K线又"上穿"五周均线，股价在75.00元左右开始进入牛市行情，经过10周的震荡拉升，当时股价在142.00元左右，涨幅已有100%左右。至11月20日截图日止，K线没有下穿"五周"均线，仍可持股待涨。

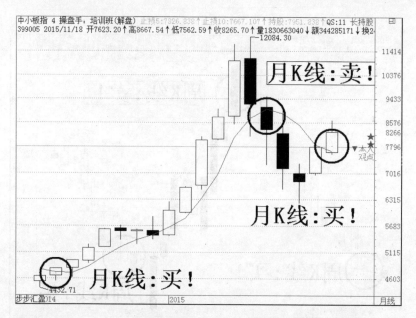

图5-6　中小板指月K线，五月均线"买一招、卖一招"实战图

图5-6说明：中小板指月K线，股指从2014年6月30日，K线 "上穿"五月均线，股指在4700点左右开始进入牛市行情，经过10个月的震荡拉升，当时股指在1200点左右，涨幅已有150%左右。在2015年6月30日K线 "下穿"五月均线，"长线"者可获利了结，落袋为安。

股价又从2015年10月30日，K线又"上穿"五月均线，股指在7200点左左右右开始进入牛市行情，经过2个月的震荡拉升，当时股价在8300点左右，涨幅已有200%左右。至11月20日截图日止，K线没有下穿"五月"均线，仍可持股待涨

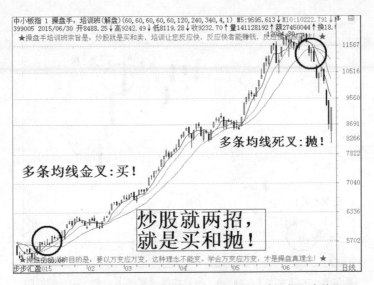

图5-7 中小板指日K线,多日均线"买一招,卖一招"实战图

图5-7说明:中小板指日K线,股指从2015年1月上旬起,多条均线形成"金叉",股指在5500点左右开始进入牛市行情,经过110天的震荡拉升,当时股指在11000点左右,涨幅已有100%左右。在2015年6月下旬,日K线,多条均线形成"死叉","短、中、长线"者均可获利了结,落袋为安。

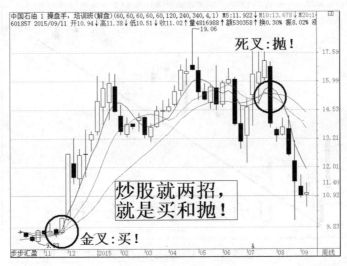

图5-8 中国石油(601857)多周均线"买一招,卖一招"实战图

图5-8说明:中国石油(601857)周K线,股价从2015年11月28日起,当时股指在10.00元左右,震荡拉升35周,在20158年7月31日,周K线,多条均线形成"死叉",当时股指在17.00元左右,涨幅已有70%左右。"中线"者均可获利了结,落袋为安。

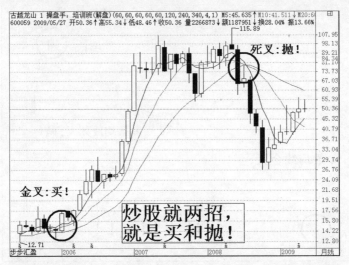

图5-9　古越龙山（600059）多月均线"买一招，卖一招"实战图

图5-9说明：古越龙山（600059）月K线，股价从2006年1月30日起，当时股指在14.00元左右，震荡拉升29个月，在2008年6月31日，月K线，多条均线形成"死叉"，当时股指在90.00元左右，涨幅已有500%左右。"长线"者可获利了结，落袋为安。

图5-10　深证成指"上升趋势线形成"买一招，实战图

图5-10说明：深证成指日K线，股价从2015年9月15日起，当时股指在9259.65点，股指震荡拉升9天，在9月28日，当时股指在9796点，股指震荡拉升20天，在11月3日，当时股指在11200点，至11月20日截图日止，股指仍在趋势线之上运行，股指何时下穿趋势线，"短线"者可获利了结，落袋为安。

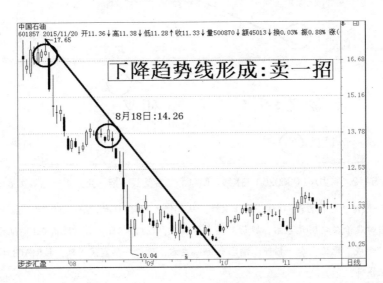

上下趋势定输赢，一买一卖见分晓；

趋势向上要满仓，趋势向下要逃跑！

中国石油
601857 2015/11/20 开11.36↓高11.38↓低11.28↑收11.33↓量500870↓额45013↓换0.03% 振0.88% 涨(

下降趋势线形成：卖一招

17.65

8月18日：14.26

10.04

步步汇盈

图5-11　中国石油（601857）日K线，"下降趋势线形成" 卖一招，实战图

　　图5-11说明：中国石油（601857）日K线，股价从2015年7月24日起，当时股价在17.65元，股价震荡下跌17天，在8月18日，当时股价在14.26元，股价一路震荡下跌26天，在9月25日之后，股价才又站下降趋势线上。按趋势线操作，你将不赔钱。

金叉死叉定输赢，一买一卖见分晓；

零轴线上要满仓，零轴线下要逃跑！

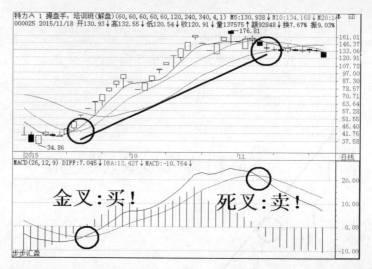

图5-12　特力A（000025）日K线，MACD"金叉买一招，死叉卖一招"实战图

　　图5-12说明：特力A（000025）日K线，从2015年9月17日起，MACD"形成"金叉，买一招！当时股价在44.00元左右，股价震荡上升26天，在11月5日，当时股价在150.00元左右，MACD"形成"死叉，卖一招！涨幅已有300%左右，股价一路震荡下跌，按MACD操作法，你会不赚钱吗？

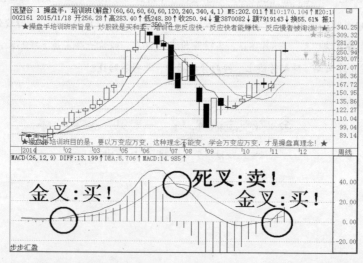

图5-13　望远谷（002161）周K线，MACD"金叉买一招，死叉卖一招"实战图

　　图5-13说明：望远谷（002161）周K线，从2015年2月6日起，MACD"形成"金叉，买一招！当时股价在95.00元左右，股价震荡上升17周，在7月6日，当时股价在190.00元左右，MACD"形成"死叉，卖一招！涨幅已有200%左右，股价一路震荡下跌，在2015年11月3日起，MACD又"形成"金叉，买一招！又可进场做多。按MACD操作法，你会不赚钱吗？

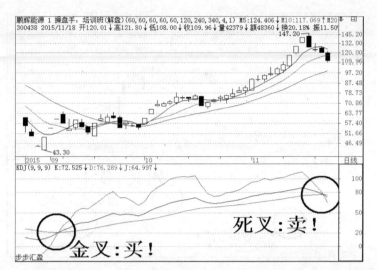

图5-14 鹏辉能源（300438）日K线，KDJ "金叉买一招，死叉卖一招" 实战图

图5-14说明：鹏辉能源（300438）日K线，从2015年9月11日起，KDJ "形成" 金叉，买一招！当时股价在46.00元左右，股价震荡上升43天，在11月17日，当时股价在120.00元左右，KDJ "形成" 死叉，卖一招！涨幅已有200%左右，股价一路震荡下跌，按KDJ操作法，你会不赚钱吗？

调整参数很重要，一买一卖见分晓；

金叉买进要满仓，死叉卖出要逃跑！

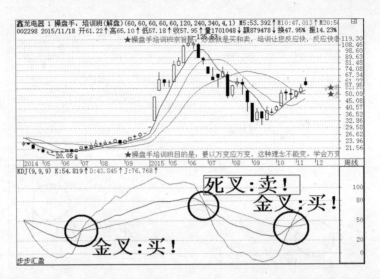

图5-15　鑫龙电器（002298）周K线，KDJ"金叉买一招，死叉卖一招"实战图

图5-15说明：鑫龙电器（002298）周K线，从2014年7月4日起，KDJ"形成"金叉，买一招！当时股价在22.00元左右，股价震荡上升28周，在2015年7月24日，当时股价在74.00元左右，KDJ"形成"死叉，卖一招！涨幅已有300%左右，股价一路震荡下跌，在2015年10月30日起，KDJ又"形成"金叉，买一招！又可进场做多。按KDJ操作法，你会不赚钱吗？

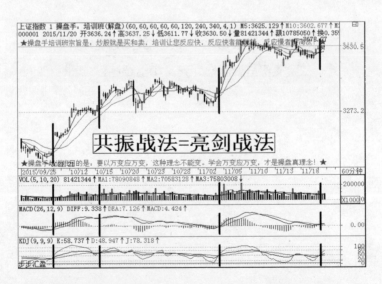

图5-16　上证指数2015年10月-11月，60分时线，共振操作法"买一招"实战图

图5-16说明：上证指数在2015年10月-11月，60分时K线，在2015年10月8日10点30分、在10月15日14点、在11月4日14点、在11月20日11点30分，计四次，60分时均线、60分时均量线、60分时MACD、60分时KDJ，四大指标系统，发出"共振"信号，每一次股价、股指，都有一定的涨幅，按"共振战法"操作，你会不赚钱吗？共振操作法又称"亮剑"战法

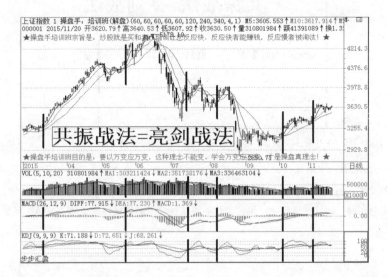

共振理论是个宝，共振理论不能少，

上升共振就满仓，向下共振就逃跑！

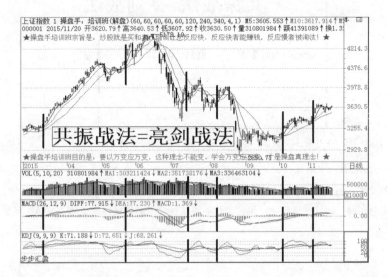

图5-17 上证指数2015年3月-11月，日K线，共振操作法"买一招"实战图

图5-17说明：上证指数在2015年3月-11月，日K线，在2015年3月12日、在5月22日、在7月15日、在8月7日、在10月12日、在11月5日，计六次，均线、均量线、MACD、KDJ，四大指标系统，发出"共振"信号，每一次股价、股指，都有一定的涨幅，按"共振战法"操作，你会不赚钱吗？共振操作法又称"亮剑"战法。

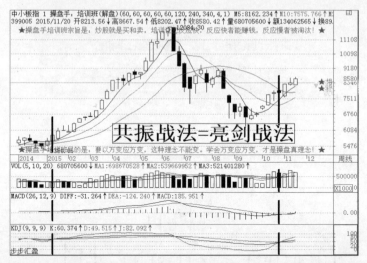

图5-18 中小板指2015年1月-11月，周K线，共振操作法"买一招"实战图

图5-18说明：中小板指，周K线，在2015年1月16日，在2015年10月30日、计二次，周均线、周均量线、周MACD、周KDJ，四大指标系统，发出"共振"信号，每一次股价、股指，都有一定的涨幅，按"共振战法"操作，你会不赚钱吗？共振操作法又称"亮剑"战法。

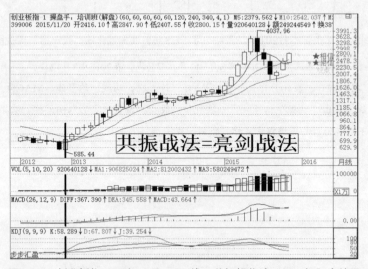

图5-19 创业板指2012年12月，月K线，共振操作法"买一招"实战图

图5-19说明：创业板指，月K线，在2012年12月，计一次，月均线、月均量线、月MACD、月KDJ，四大指标系统，发出"共振"信号，每一次股指，都有一定的涨幅，按"共振战法"操作，你会不赚钱吗？共振战操作法又称"亮剑"战法。

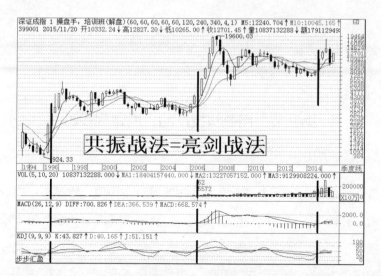

图5-20　深证成指1996年9月-2014年12月，季K线，共振操作法"买一招"实战图

图5-20说明：深证成指，季K线，在1996年9月27日、在2006年9月29日、在2014年12月31日，6计三次，季均线、季均量线、季MACD、季KDJ，四大指标系统，发出"共振"信号，每一次股指，都有一定的涨幅，按"共振战法"操作，你会不赚钱吗？共振战操作法又称"亮剑"战法。

总结：以上20幅图，我们总结了用普通常用的技术指标"买一招及卖一招"验证图，其中有上证成指、深证成指、创业板指及中小板指，有60分时图、日K线图、周K线图、月K线图、季K线图，只要有三年以上股龄的读者，用其中的一种方法"买或卖"，都会把这本书钱加倍"赚"回吧。

第二节　用高科技产品，能赚到钱吗

智慧软件会说话，告诉大家别害怕，股票何时买和卖，代表市场指令下！

市场指令开始下，做多做空都别怕，一定要跟市场走，一定要听市场话！

市场指令下达后，请你一定要接受，千万不能对着干，市场永远是教授。

市场市场大市场，指挥股市跌和涨，市场永远不会错，大家仔细想一想。

2015年最新的"大趋势傻瓜型"赚钱工具

各位有缘的读者大家好：

笔者"最新的，能赚钱"的投资工具是在和其子高海宁共同研究开发的"大趋势"实战版·智能傻瓜型·投资软件，覆盖全世界各国"股市、外汇、期货、黄金、各类白银及B股、债券、港股"……无所不能，所向无敌！

"大趋势"实战版·智能傻瓜型·投资软件：

就是把有关世界各国各类投资品种"当日的"政策面、基本面、技术面等，各种因素，"一秒钟"即自动转换成"各种文字"指令及"一目了然"的图表，请你按各种"文字指令"及图表，执行即可。

请使用者在实战时，一定要做到：执行，执行，坚决执行，必是赢家！

赚钱口诀：实战要执行，大家一定赢！

"大趋势"实战版·智能傻瓜型·投资软件的十二条作用是：

帮你指点：股市迷津。帮你看透：中国股市。

帮你识破：庄家嘴脸。帮你悟透：股市本质。

帮你看懂：股市天书。帮你解开：股市奥密。

帮你了解：股市规律。帮你永远：股市赚钱。

验证昨天：永远正确。检验今天：胜于雄辩。

预测明天：趋势明确。只要执行：永远赢家。

"大趋势"实战版·智能傻瓜型·投资软件：下面详细介绍软件功能。

一、首先介绍：市场自动发出"文字"指令，买卖法

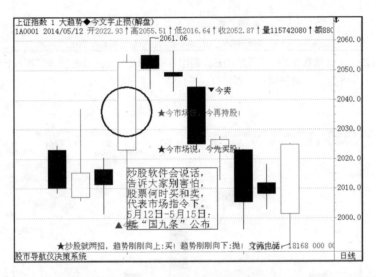

图5-21 上证指数在2014年5月10日，新国九条公布后，5月12日当天"市场自动"
发出："市场说：今先买股！今再持股！"指令

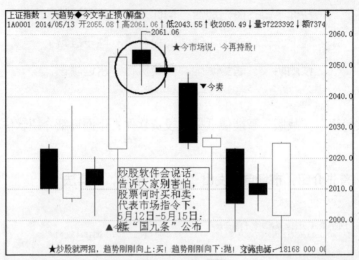

图5-22 上证指数在2014年5月10日，新国九条公布后，5月13日当天"市场自动"
发出："市场说：今再持股！"指令

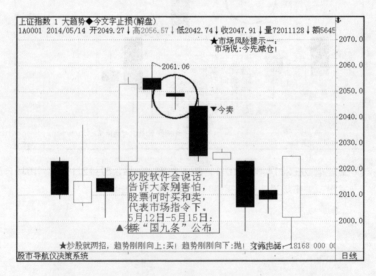

图5-23 上证指数在2014年5月10日，新国九条公布后，5月14日当天"市场自动"
发出："市场说：今先减仓！"指令

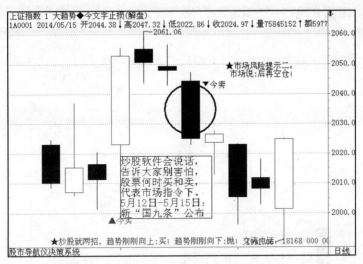

图5-24　上证指数在2014年5月10日，新国九条公布后，5月15日当天"市场自动"
　　　　发出："市场说：后再空仓！"指令

以上四幅图说明：新国九条公布后，5月12-15日四天，一波"脉冲式"行情结束了。

注："文字指令"操作法"适用于10万-20万投资者使用，一次性买，一次性卖。按"文字指令"操作法，去操作，你会不赚钱吗？

小结：以上四幅图是2014年5月12日至2014年5月15日四天之间，"上证指数"主板市场"每一天"市场都发出"不同的市场"指令！由于管理层在2014年5月8日，公布了新国九条，一根近42点的大阳线，使上证指数上了一个台阶，使大家对股市又充满了信心，可惜好景不长……上四图所示，上证指数在底部区域震荡运行，至2014年5月19日截图日止，做空为主。笔者由感而发奉献打油诗一首：

国家发新国九条，股指当时向上调，可惜好景不常在，一天之后主力跑！
跟风者来买股票，没有回报即被套，赚钱效应实在小，观望等待最为妙！

二、下面介绍："汽车操作"法

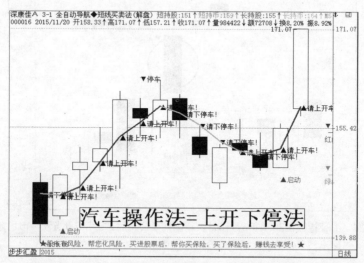

图5-25   深康佳（000016）日K线，"汽车操作"法，验证图

图5-25说明：深康佳（000016）日K线，从2015年11月4日，盘中自动出现"请上开车！"文字指令，股价开始上涨。经过7天的震荡拉升，在2015年11月12日盘中自动出现"请下停车！"文字指令，股价开始下跌。在2015年11月19日，盘中又自动出现"请上开车！"文字指令，股价开始上涨。至截图日止，盘中没有自动出现"请下停车！"文字指令，说明股价仍有上升空间。

注："汽车操作"法，适用于10万-20万投资者使用，可一次性买，一次性卖。按"汽车操作"法去操作，你会不赚钱吗？

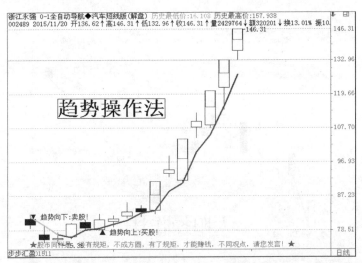

三、下面介绍"趋势操作"法

图5-26　浙江永强（002489）日K线，"趋势操作"法，验证图

图5-26说明：浙江永强（002489）日K线，从2015年11月4日，盘中自动出现"趋势向上：买股！"文字指令，股价开始上涨。经过13天的震荡拉升，至截图日止，盘中没有自动出现"趋势向下：卖股！"文字指令，说明股价仍有上升空间。

注："趋势操作"法，适用于10万-20万投资者使用，可一次性买，一次性卖。按"趋势实战"法去操作，你会不赚钱吗?

四、下面介绍"太阳操作"法

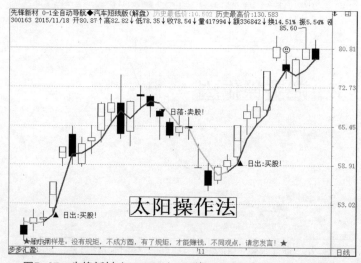

图5-27　先锋新材（300163）日K线，"太阳操作"法，验证图

图5-27说明：先锋新材（300163）日K线，从2015年10月12日，盘中自动出现"日出：买股！"文字指令，股价开始上涨。经过9天的震荡拉升，在2015年10月27日盘中自动出现"日落：卖股！"文字指令，股价开始下跌。在2015年11月16日，盘中又自动出现"日出：买股！"文字指令，股价开始上涨。至截图日止，盘中没有自动出现"日落：卖股！"文字指令，说明股价仍有上升空间。

注："太阳操作"法，适用于10万-20万投资者使用，可一次性买，一次性卖。按"太阳实战"法去操作，你会不赚钱吗？

五、下面介绍"火车操作"法

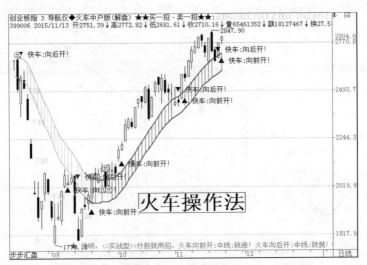

图5-28　创业板指日K线，"火车操作"法，验证图

图5-28说明：创业板指日K线，从2015年9月21日，盘中自动出现"快车：向前开！"文字指令，股价开始上涨。经过6天的震荡拉升，在2015年10月9日，盘中自动出现"慢车：向前开！"文字指令，至截图日止，盘中没有自动出现"慢车：向后开！"文字指令，说明股价仍有上升空间。

注："火车操作"法，"适用于20万-50万投资者使用，可以二次性买，二次性卖。按"火车实战"法去操作，你会不赚钱吗？

六、下面介绍"大户操作"法

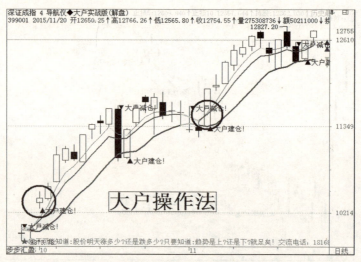

图5-29   深证成指日K线，"大户操作"法，验证图

图5-29说明：深证成指日K线，从2015年10月8日，盘中自动出现"大户建仓！"文字指令，股价开始上涨。经过9天的震荡拉升，在2015年10月21日，盘中自动出现"大户减仓！"文字指令，10月22日，盘中自动出现"大户建仓！"文字指令，股价开始上涨。经过6天的震荡拉升，在2015年11月2日，盘中自动出现"大户减仓！"文字指令。11月4日，盘中自动出现"大户建仓！"文字指令，股价又开始上涨。至截图日止，盘中没有自动出现"大户减仓！"文字指令，说明股价仍有上升空间。

注：适用于50万-100万投资者使用，可以一次性买，分三次卖。按"大户实战"法去操作，你会不赚钱吗？

七、下面介绍 "庄家操作" 法

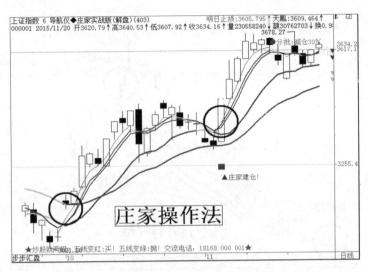

图5-30 上证指数日K线，"庄家操作" 法，验证图

图5-30说明：上证指数日K线，从2015年10月8日，盘中自动出现"庄家建仓！"文字指令，股价开始上涨。经过12天的震荡拉升，后洗盘，在11月2日，盘中又自动出现"庄家建仓！"文字指令，股价开始上涨。至截图日止，盘中没有自动出现"庄家减仓！"文字指令，说明股价仍有上升空间。

注：适用于50万-200万投资者使用，可以一次性买，分五次卖。按"庄家实战"法去操作，你会不赚钱吗？

八、下面介绍"机构操作"法

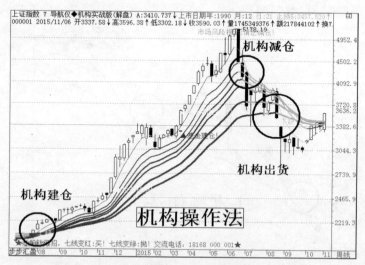

图5-31 上证指数周K线，"机构操作"法，验证图

图5-31说明：上证指数周K线，从2014年7月中旬，盘中自动出现"机构建仓！"文字指令，股价开始上涨。经过48周的震荡拉升，在2015年6月中旬，盘中自动出现"机构减仓！"文字指令，股价开始下跌。在2015年7月中旬，盘中自动出现"机构出货！"文字指令，股价开始下跌。

在10月上旬，盘中又自动出现"庄家建仓！"文字指令，股价开始上涨。至截图日止，盘中没有自动出现"庄家减仓！"文字指令，说明股价仍有上升空间。

注：适用于200万–1000万投资者使用，可以一次性买，分多次卖。按"机构实战"法去操作，你会不赚钱吗?

九、下面介绍"基金操作"法

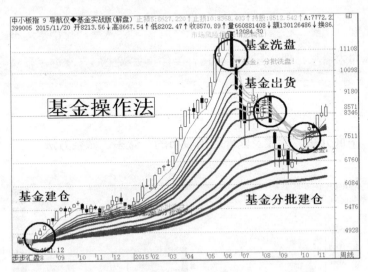

图5-32　中小板指周K线，"基金操作"法，验证图

图5-32说明：中小板指周K线，从2014年7月中旬，盘中自动出现"基金建仓！"文字指令，股价开始上涨。经过48周的震荡拉升，在2015年6月中旬，盘中自动出现"基金减仓！"文字指令，股价开始下跌。在2015年7月中旬，盘中自动出现"基金出货！"文字指令，股价开始下跌。

在10月上旬，盘中又自动出现"基金分批建仓！"文字指令，股价开始上涨。至截图日止，盘中没有自动出现"基金减仓！"文字指令，说明股价仍有上升空间。

注：适用于1000万投资者使用，可以一次性买，分多次卖。按"基金实战"法去操作，你会不赚钱吗？

以上12幅图，是"中国股市"各种版本买卖方法的简单介绍，每一种操作方法，都会让读者"一目了然，一看就懂，一学就会"，使用者只要按"市场下达各种指令"去执行，任何人都一定是赢家！

当你看了以上12幅图，你有何感想？笔者由感而发奉献打油诗二首：

炒股只要方法对，看盘买卖不受累，炒股只要方法好，赚钱肯定少不了！
学会一条能赚钱，如同天天过大年，如果你要不执行，收益永远等于零！

你开始学会做多，钞票会越来越多，然后要学会做空，行情永远不踏空。
你想成为大赢家，现在开始学会它，当你学会做空后，永远走在趋势后。

十、下面介绍"港股及国外各国股市的"做多、做空方法

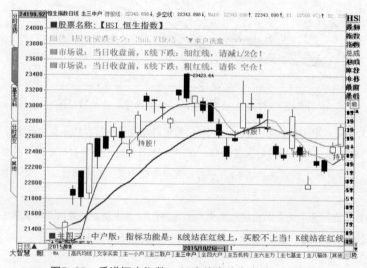

图5-33　香港恒生指数：短中线实战多空法，验证图

"短、中线实战"多空法，适用世界各国任何一投资品种，使用者即明白知道，手中的投资品种，股指、股价，短、中线是做多？还是做空？

"短、中线实战"多空法，指标用法是：

短线投机者：细线变红，即时做多；细线变绿，即时做空。
中线投资者：粗线变红，即时做多；粗线变绿，即时做空。

"沪港通"实施后，按"短、中线实战"多空法去操作，你会不赚钱吗？

"沪港通"实施后，你会投资港股吗？笔者由感而发奉献打油诗一首：

> 买股卖股很微妙，好股买后睡大觉，圆了一场中国梦，睡醒之后赚钞票！
>
> 买股卖股太微妙，买到坏股少睡觉，做了一场黄粱梦，好梦又成肥皂泡！

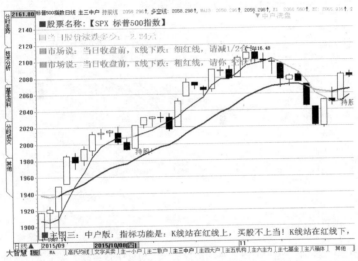

图5-34 美国"标普500指数"："短、中线实战"多空法，验证图

"短、中线实战"多空法，指标用法是：

> 短线投机者：细线变红，即时做多；细线变绿，即时做空。
>
> 中线投资者：粗线变红，即时做多；粗线变绿，即时做空。

按"短、中线实战"多空法去操作，你会不赚钱吗？

笔者由感而发奉献打油诗二首：

> 炒股只要方法对，看盘买卖不受累，炒股只要方法好，赚钱肯定少不了！
>
> 学会一条能赚钱，如同天天过大年，如果你要不执行，收益永远等于零！

你开始学会做多，钞票会越来越多，然后要学会做空，行情永远不踏空。
你想成为大赢家，现在开始学会它，当你学会做空后，永远走在趋势后。

指标功能是：让大家一目了然，红线做多，绿线做空！请执行！

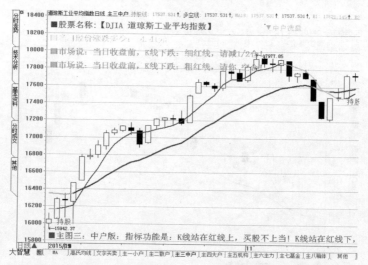

图5-35　美国"道琼斯工业平均指数"："短、中线实战"多空法，验证图

"短、中线实战"多空法，指标用法是：

短线投机者：细线变红，即时做多；细线变绿，即时做空。
中线投资者：粗线变红，即时做多；粗线变绿，即时做空。

按"短、中线实战"多空法，去操作，你会不赚钱吗？
指标功能是：让大家一目了然，红线做多，绿线做空！请执行！
笔者由感而发奉献打油诗二首：

要想行情不踏空，必须要学会做空，要想永远赚大钱，一定要学会做空。
学会做多和做空，跟着股指向前冲，谁能做到是赢家，炒股一定会做空。

股票不分好与坏，就分涨幅慢与快，上涨股票就是好，下跌股票就是坏。
股票下跌不可怕，你即可把空单下，如果想把大钱赚，下单之后等一下。

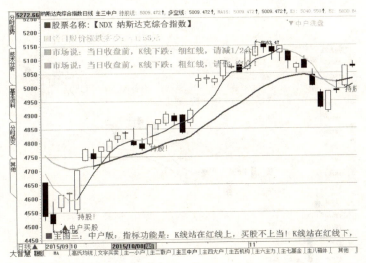

图5-36 美国"纳斯达克综合指数"："短、中线实战"多空法，验证图

"短、中线实战"多空法，指标用法是：

短线投机者：细线变红，即时做多；细线变绿，即时做空。
中线投资者：粗线变红，即时做多；粗线变绿，即时做空。

按"短、中线实战"多空法去操作，你会不赚钱吗？
指标功能是：让大家一目了然，红线做多，绿线做空！请执行！
笔者由感而发奉献打油诗二首：

学会向前和向后，双向赚钱去享受，赶快拜师和学艺，多空规律能悟透。
融资做多能赚钱，融券做空也赚钱，学会多空操作法，做多做空都赚钱。

做多做空两面派，赚钱肯定来得快，请你仔细想一想，哪种方法赚钱快。
做多做空要想赢，请你果断必执行，操作之时不果断，做多做空都难赢。

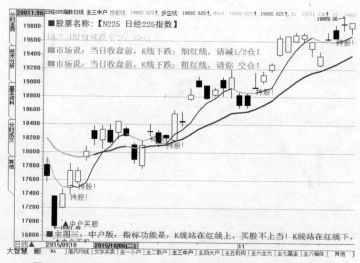

图5-37　日经225指数："短、中线实战"多空法，验证图

"短、中线实战"多空法，指标用法是：

短线投机者：细线变红，即时做多；细线变绿，即时做空。
中线投资者：粗线变红，即时做多；粗线变绿，即时做空。

按"短、中线实战"多空法去操作，你会不赚钱吗？

指标功能是：让大家一目了然，红线做多，绿线做空！请执行！

笔者由感而发奉献打油诗二首：

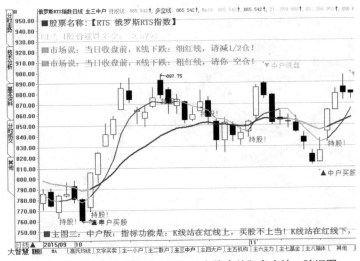

你如研究基本面，绝大多数都被骗，没有一家不造假，十有八九要被骗。

尽少研究基本面，加紧研究技术面，如果要问为什么？主力进出在盘面。

你要研究枝术面，这种方法较全面，主力一举和一动，统统反映在盘面。

技术面要研究透，赚钱好好去享受，万一你还不赚钱，看盘功力还不够。

图5-38　俄罗斯 RTS 指数："短、中线实战"多空法，验证图

"短、中线实战"多空法，指标用法是：

短线投机者：细线变红，即时做多；细线变绿，即时做空。

中线投资者：粗线变红，即时做多；粗线变绿，即时做空。

按"短、中线实战"多空法去操作，你会不赚钱吗？

指标功能是：让大家一目了然，红线做多，绿线做空！请执行！

笔者由感而发奉献打油诗二首：

有时莫名其妙跌，有时莫名其妙涨，这样个股经常有，你要仔细想一想。
涨跌一定有原因，请你一定要分清，其他原因弄不清，市场指令定要听。

要以万变应万变，才是炒股真理念，股市趋势向上变，做多买股要兑现！
股市趋势向下变，做空卖股快变现，如果你要做不到，学会万变应万变。

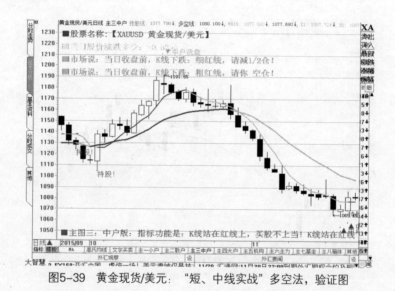

图5-39　黄金现货/美元："短、中线实战"多空法，验证图

"短、中线实战"多空法，指标用法是：

短线投机者：细线变红，即时做多；细线变绿，即时做空。
中线投资者：粗线变红，即时做多；粗线变绿，即时做空。

按"短、中线实战"多空法去操作，你会不赚钱吗？

指标功能是：让大家一目了然，红线做多，绿线做空！请执行！

笔者由感而发奉献打油诗二首：

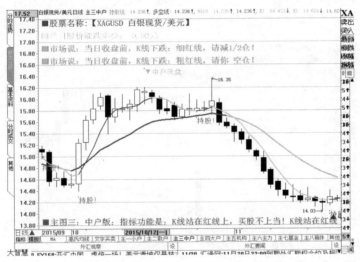

判势方法很简单，要知是一还是三，是一继续要做多，是三就是鬼门关。

买股方法也简单，同样要知一二三，是一就要大胆买，赚钱就是很简单。

股票没有好坏分，主力有减就有增，下跌就是坏股票，上涨说明资金增。

股票有涨就有跌，下跌机构不给力，只要上涨你做多，主力机构都出力。

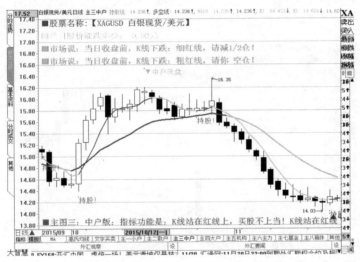

图5-40　白银现货/美元："短、中线实战"多空法，验证图

"短、中线实战"多空法，指标用法是：

> 短线投机者：细线变红，即时做多；细线变绿，即时做空。
>
> 中线投资者：粗线变红，即时做多；粗线变绿，即时做空。

按"短、中线实战"多空法去操作，你会不赚钱吗？

指标功能是：让大家一目了然，红线做多，绿线做空！请执行！

笔者由感而发奉献打油诗二首：

炒股炒金炒白银，市场指令要执行，如果你要对着干，收益一定等于零。

炒黄金者要听话，一定要听市场话，你要不听市场话，后果一定很可怕。

炒银炒金和炒股，赚钱实在太辛苦，各种方法都用尽，多人心中很没谱。

学会两招打天下，去到哪里都别怕，赚钱方法数十种，都要听从市场话。

下面笔者再用"短、中线实战"多空法，验证一下，国内股市：

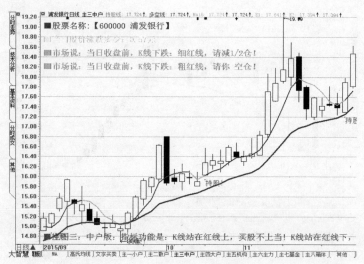

图5-41　浦发银行（600000）"短、中线实战"多空法，验证图

"短、中线实战"多空法，指标用法是：

短线投机者：细线变红，即时做多；细线变绿，即时做空。

中线投资者：粗线变红，即时做多；粗线变绿，即时做空。

按"短、中线实战"多空法去操作，你会不赚钱吗？

指标功能是：让大家一目了然，红线做多，绿线做空！请执行！

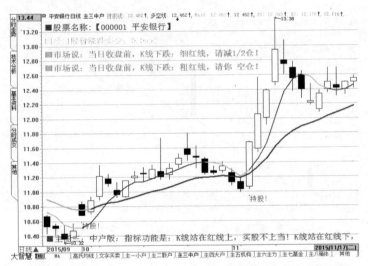

笔者由感而发奉献打油诗二首：

炒股软件会说话，告诉大家别害怕，股票何时买和卖，代表市场指令下！

市场指令开始下，做多做空都别怕，一定要跟市场走，一定要听市场话！

市场指令下达后，请你一定要接受，千万不能对着干，市场永远是教授。

市场市场大市场，指挥股市跌和涨，市场永远不会错，大家仔细想一想。

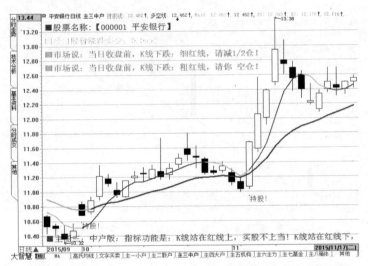

图5-42 平安银行（000001）"短、中线实战"多空法，验证图

"短、中线实战"多空法，指标用法是：

短线投机者：细线变红，即时做多；细线变绿，即时做空。

中线投资者：粗线变红，即时做多；粗线变绿，即时做空。

按"短、中线实战"多空法去操作，你会不赚钱吗？

指标功能是：让大家一目了然，红线做多，绿线做空！请执行！

笔者由感而发奉献打油诗二首：

炒股就是玩游戏，赚钱要用高科技，不信请你试一试，最终一定会服气。
开始你会不服气，亏钱之后会生气，多次亏钱找原因，赚钱定要高科技。

高智商加高科技，投资赚钱很容易，两高多数不具备，投资很难有收益。
一高也能有收益，看你愿意不愿意，刻苦勤奋加磨练，最终才能有收益。

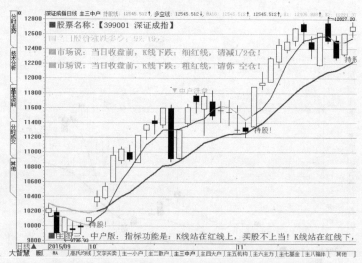

图5-43 深证成指"短、中线实战"多空法，验证图

"短、中线实战"多空法，指标用法是：

短线投机者：细线变红，即时做多；细线变绿，即时做空。
中线投资者：粗线变红，即时做多；粗线变绿，即时做空。

按"短、中线实战"多空法去操作，你会不赚钱吗？

指标功能是：让大家一目了然，红线做多，绿线做空！请执行！

笔者由感而发奉献打油诗二首：

大盘小盘创业板，炒股方向不能反，只有不赚钱的人，没有不赚钱的板。
炒股有人不适合，就看你来怎么说，愿赌服输放在前，端正态度还好说。

拜师学艺放在后，看你是否能接受，不能接受怎么办，见到股市即向后。
金盆洗手是后话，没有资金别说话，因为炒股已输光，后悔不听市场话。

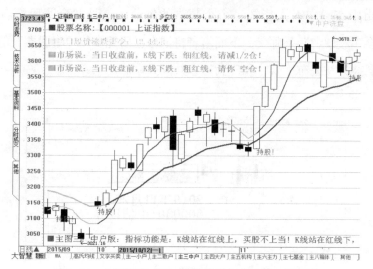

图5-44　上证指数"短、中线实战"多空法，验证图

"短、中线实战"多空法，指标用法是：

> 短线投机者：细线变红，即时做多；细线变绿，即时做空。
> 中线投资者：粗线变红，即时做多；粗线变绿，即时做空。

按"短、中线实战"多空法去操作，你会不赚钱吗？

指标功能是：让大家一目了然，红线做多，绿线做空！请执行！

笔者由感而发奉献打油诗二首：

人生不过几十年，不能天天赚大钱，炒股输赢别介意，健康快乐最值钱。
天天炒股苦无边，看准趋势如神仙，愿你别为炒股烦，轻松快乐每一天。

本人讲得好不好，仅仅供你去参考，本人如果讲对了，学会之后用到老。
本人如果讲错了，请你千万别计较，本人如果讲得对，请你慢慢去理会。

　　股市中有一句人人皆知、个个都晓的俗语，就是"会买股票者"是徒弟，"会卖股票者"是师父。下面笔者将把自己研究多年"卖股票"的方法，也用高科技方法公布于众，和广大读者共同分享。

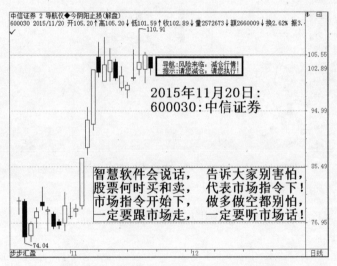

图5-45　中信证券（600030）当日"阴阳K线"止损法，验证图

　　图5-45说明：中信证券（600030）2015年11月20日，当日市场提示：风险来临，减仓行情，请你减仓，请你执行！

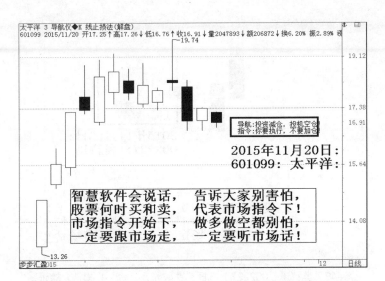

图5-46 太平洋（600030）当日"阴阳K线"止损法，验证图

图5-46说明：太平洋（600030）2015年11月20日，当日市场提示：投资减仓，投机空仓，你要执行，不要加仓！

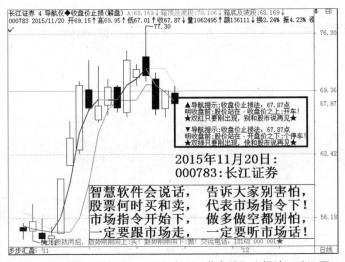

图5-47 长江证券（000783）当日"收盘价"止损法，验证图

图5-47说明：长江证券（000783），2015年11月20日，当日市场提示：股价站在收盘价之上：开车，股价站在收盘价之下：停车！

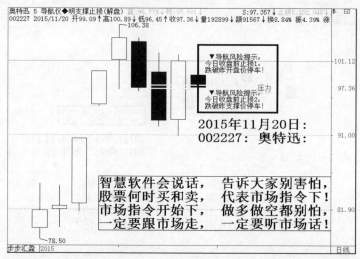

图5-48　奥特迅（002227）当日"跌破昨开盘价"止损法，验证图

图5-48说明：奥特迅（002227），2015年11月20日，当日市场提示：跌破昨开盘价：停车，跌破昨支撑价：停车！

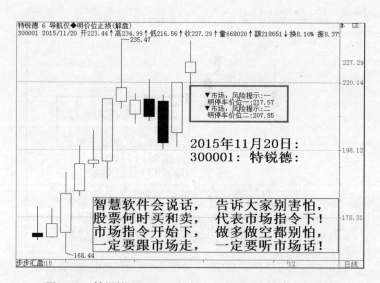

图5-49　特锐德（300001）当日"明日"止损法，验证图

图5-49说明：特锐德（300001），2015年11月20日，当日市场提示之一：明天何价位：停车！当日市场提示之二：明天何价位：停车！

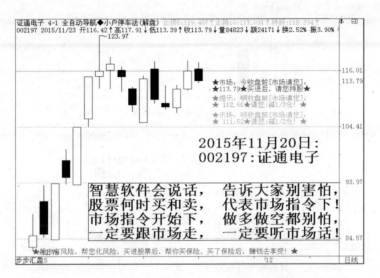

图5-50 证通电子（002197）当日"小户"止损法，验证图

图5-50说明：证通电子（002197），2015年11月20日，当日市场提示：收盘前，给出"三道止损"指令！

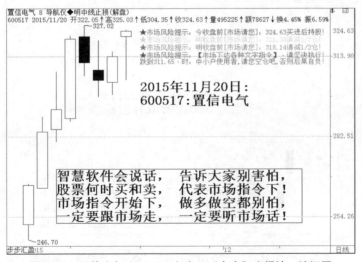

图5-51 置信电气（600517）当日"中户"止损法，验证图

图5-51说明：置信电气（600517），2015年11月20日，当日市场提示：收盘前，给出"四道止损"指令！

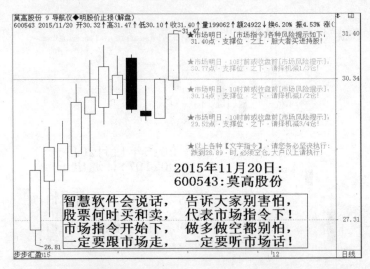

图5-52　莫高股份（600543）当日"大户"止损法，验证图

图5-52说明：莫高股份（600543），2015年11月20日，当日市场提示：收盘前，给出"五道止损"指令！

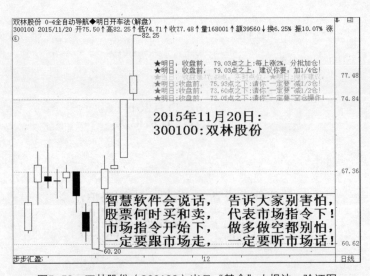

图5-53　双林股份（300100）当日"基金"止损法，验证图

图5-53说明：双林股份（300100），2015年11月20日，当日市场提示：收盘前，给出"六道"指令！有减仓四道指令！加仓二道指令！

各位读者，当你们看到上面的53幅验证图，有何感悟？有何感想？

你可任选其中1-2种去投机或投资。只要你能按图中"市场指令"去坚决执行，答案肯定是赢多输少。

"大趋势"（傻瓜）软件特点是什么呢？

"大趋势"（傻瓜）软件的特点是：

你没有傻瓜，	多数是输家，	你拥有傻瓜，	很快变赢家。
大趋势软件，	让你能看见，	大主力进出，	让你能见面。
大主力进场，	盘中即出现，	大主力退场，	实时就显现。
有傻瓜软件，	亏损说再见，	有傻瓜软件，	赢利就兑现。
没有导航仪，	炒股难赚钱，	没有导航仪，	很难赚大钱。
多空判大势，	你可以预见，	政策面如何，	可以文字见。
业绩怎么样，	文字让你见，	技术面分析，	文字即显现。
市场来说话，	永远能算话，	如果不听话，	后果太可怕。
你有导航仪，	炒股易赚钱，	你有导航仪，	很快赚大钱。

最后再送给有缘的读者几句肺腑之言：

人生短短几十年，有人幸福地过了几十年，遇事不愁，大事化小，小事化了，高高兴兴过好一天，每一天24小时，升职、成家立业、炒股赚钱、炒白银暴富，快快乐乐过每一天，每一天是24小时。

人生短短几十年，有人痛苦地过了几十年，遇事就愁，小事扩大化，遇到点小事，吃不下饭，睡不好觉，愁眉苦脸过一天，每一天也是24小时。什么孩子择校问题、孩子就业问题、父母生病、本人身体不好、炒股被套、投资失败……依旧是过了每一天，每一天也是24小时。

朋友，如果是你遇到以上的事，你该怎么办，你会怎么办？如果是你的亲朋好友遇到以上的事，你会劝他该怎么办？

每一个人在生活中，会遇到各种问题，在这里我们能给你帮上忙的就是你在"炒股、炒黄金、炒白银、炒港股"……遇到什么难题，或者是你自己或家人都不能解决的投资难题，我们可以帮你解决这些难题。

在目前现实生活中，你是一名司机，只会向前开车，而不会向后倒车，说明你是一位"不合格"的司机。

如果你是一位投资者，只会做多，而不会做空，说明你是一位"不合格"的投资者，很快就会被市场淘汰。

你要不相信，咱们走着瞧，用事实来说明一切吧。

我们能帮你解决"不赚钱"的难题，依据是：

> 智慧软件会说话，告诉大家别害怕，股票何时买和卖，代表市场指令下。
>
> 市场指令开始下，做多做空都别怕，一定要跟市场走，一定要听市场话。

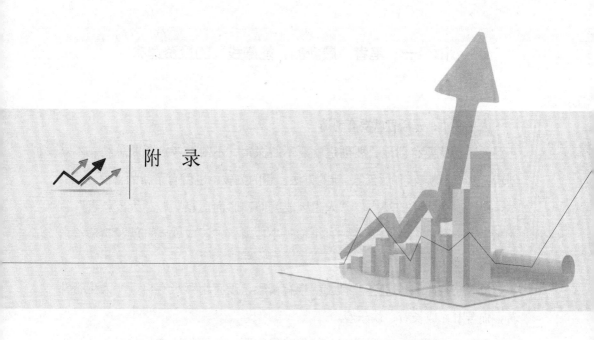

附　录

附录一 笔者"最新的，能赚钱"的投资理念

人生感悟：人活着就要有创造

人活着就要有创造，要创造就要不断探索、不断思考、不断总结、不断创新，从而不断有新的经验、新的方法、新的突破、也就有了新的喜悦。

自己一个人生的观点："人生因成就而精彩而自豪"，"大成就者"有大精彩大自豪，"小成就者"有小精彩小自豪，"没成就者"就没精彩没自豪。

没有奋斗难有成就，没有成就难有精彩，没有精彩难有自豪。人生奋斗着，痛苦着，成长着，快乐着。

在现实生活中，你和谁在一起的确很重要，甚至能改变你的成长轨迹，决定你的事业成败。和什么样的人在一起，就会有什么样的人生。

> 和勤奋人在一起，你永远不会懒惰；
>
> 和积极人在一起，你永远不会消沉；
>
> 和聪明人在一起，你定会不同凡响；
>
> 和投资高人为伍，你定能赚到大钱；
>
> 有智慧者像太阳，照到哪里哪里亮；
>
> 好学习者像灯光，学会永远会发光。

你在什么"圈子"之中?

1. 普通人的圈子，谈论的是闲事，赚的是工资，想的是明天。

2. 生意人的圈子，谈论的是项目，赚的是利润，想的是下一年。

3. 事业人的圈子，谈论的是机会，赚的是财富，想到的是未来和保障。

4. 智慧人的圈子，谈论的是奉献，交流是出主意，遵道而行，一切将会自然富有。

5. 炒股人的圈子，谈论的是赚钱，交流的是经验，想到的少被套或赚大钱。

凡炒股者，你一定要知道：

1. 别总是在有"压力的情况下"炒股，这样会累坏了自己身体，这种人：特傻!

2. 别忘了健康是自己的，没有了健康，赚再多金钱，无法享用人生所有的乐趣，这种人：特亏!

3. 别以为能"救命的人"是医生，其实是你自己，"养生重于救命"，这一招：特对!

4. 别以为你"炒股"付出后，就"必须"会有回报，"炒股"只有通过学习，才能终有回报，这一招：特灵!

5. 别忽视了与你"有缘"者，与你擦肩而过，你才明白"知音"难觅，这种情况：特悔!

对炒股者而言，不能被套之后才学习，不能深套之后才醒悟，不能割肉之后才后悔。

千万不要钱在银行，人去了天堂；也千万不要财产变遗产。

凡炒股者，你一定要理解：

股市如人生，不是你一生，人生如股市，大多数都是。

2016年炒股赚钱口决

股市运行有三种：一涨、二平、三跌。同样操作方法也有三种：一买、二卖、三休息，故称：股市一二三。

股市一二三，炒股很简单，怎样判后市，是一还是三。

是一要持股，可以捂一捂，是二短期捂，长捂要吃苦。

是三不能捂，多空谁做主，趋势变为一，继续再持股。

趋势变为二，仍然不能捂，一切为读者，大家炒好股。

股市涨跌平，涨多要平衡，平衡怎么办，等等看一看。

平衡后再涨，你想大家想，再涨怎么办，大家接着干。

平衡后再跌，和股市告别，再跌怎么办，错误别再犯。

股市涨跌平，心中要平衡，不平怎么办，仔细想想看。

要学会做空，行情不踏空，如果想赚钱，一定学做空。

学会做空后，要学会割肉，学会割肉后，赚钱去享受。

学会买股票，买后睡大觉，学会卖股票，卖后少被套。

要学会止损，尽量要保本，要学会止盈，多少都会盈。

股市一二三，看盘很简单，关注K均线，股价能翻番。

大涨是大阳，小涨是小阳，不涨与不跌，都是十字星。

大跌是大阴，小跌是小阴，小涨与小跌，仍是十字星。

盘中有压力，收盘有上影，盘中有支撑，收盘有下影。

压力和支撑，均有上下影，有阳又有阴，自己去区分。

均线KDJ，都是技术派，潜心去研究，都是为买卖。

锄禾日当午，不如交易苦，对着K线图，一看一上午。

看了一上午，还要看下午，仓位何时补，心里没有主。

看盘一上午，汗滴键盘鼠，看着K线图，越来越迷糊。

转眼到下午，盼能低位补，不想刚买后，资金往外吐。

股市一二三，买卖很简单，均线要向上，买股不上当。
五日是短线，十日为稳健，二十是中线，三十更稳健。

五日线上拐，短线赶快买，十日线上拐，加仓大胆买。
五十线上拐，请你快快买，买后放一放，永远不上当。
五十线向上，短线多单放，你把多单放，做多不上当。
五十不向上，做多就上当，只要你做多，一买就上当。

五日线向下，买股有点怕，十日线向下，买股更害怕。
五十线下拐，千万不能买，如果你不卖，肯定受伤害。
五十线向下，短线空单下，你把空单下，做空别害怕。
五十不向下，别把空单下，你把空单下，做空有点怕。

二十三十上，买股不上当，二十三十下，后果太可怕。
二十三十上，中线不上当，二十三十下，中线后果怕。
二三十不上，买股上大当，二三十不下，别把空单下。
二三十刚下，即把空单下，你把多单下，后果真可怕。

二三十刚上，即把多单放，你把多单放，很少会上当。
股市另一派，就是政策派，政策天天有，会买不会卖。
股市一二三，看准再下单，不管买和卖，别把他人怪。
股市一二三，不要下错单，如果下错单，后果自承担。

股市一二三，炒股不简单，要想赚大钱，确实不简单。
股市一二三，看别人简单，自己买股票，结果仍被套。
股市一二三，炒股很简单，跟着趋势走，股价翻一番。
股市一二三，风险要承担，风险放在前，才能赚大钱。

股市三二一，谈谈大主力，主力加市场，说涨他就涨。

股市三二一，说说大主力，市场加主力，说跌它就跌。

股市三二一，请你要学习，要学会空仓，要学会休息。

股市三二一，大家要学习，学习有进步，一步看一步。

股市三二一，输了要总结，输了怎么办，以后别再犯。

股市三二一，赢了要总结，赢了怎么办，以后接着干。

股市三二一，学习加总结，股市无止境，仍需再努力。

股市三二一，学习再学习，要想成赢家，努力再努力。

股市三二幺，炒股就两招，趋势向上买，趋势向下抛。

股市三二幺，一定学会抛，不要坐火箭，回到原位抛。

股市三二幺，行情高不高，逢低你就买，逢高你就抛。

股市三二幺，后势仍看高，深市和沪市，还要创新高。

股市运行有三种：一涨，二跌，三平，同样操作方法也有三种，故称：股市一二三。按音乐乐理，一二三，可以唱为：1（哆）2（来）3（咪）。

股市哆来咪，一根大阳线，你敢买股票，赚钱要兑现。

股市哆来咪，一根大阴线，如果盘中出，快快说再见。

股市哆来咪，一根阳十线，高位十字线，相对头部现。

股市哆来咪，一根阴十线，低位十字线，相对底部现。

股市哆来咪，炒股要亮剑，剑是大阳线，赚钱要兑现。

股市哆来咪，盘中出阳线，亮剑买股票，很少会被套。

大阳买股票，买后就想笑，心中很高兴，兴奋少睡觉。

股市哆来咪，炒股要回剑，剑是大阴线，快快说再见。

股市哆来咪，盘中出阴线，请你快收剑，股票要变现。

大阴买股票，买后容易套，饭也吃不好，失眠少睡觉。

股市哆来咪，理论加实践，大家来交流，赚钱能实现。

股市哆来咪，赚钱很容易，只要方法对，赚钱能兑现。

股市哆来咪，大家能看见，行情有多长，主力来帮忙。

行情有多高，主力何时抛，行情有多远，趋势何时拐。

股市哆来咪，小顶何时见，一根周阴线，下穿五周线。

股市哆来咪，大顶何时见，二根周阴线，下穿十周线。

股市哆来咪，小底何时见，一阳穿三线，底部已显现。

不管多和空，底部已看见，此时买股票，不上当受骗。

股市哆来咪，大底何时见，两阳穿四线，技术底看见。

一根周阳线，上穿五周线，你敢买股票，做多要兑现。

炒股就两招，知道不知道，上楼梯就买，下楼梯就抛！

二点一条线，难倒一大片，成败论英雄，市场来检验！

股市一上涨，黄金就万两，满脸特高兴，心情特舒畅。

股指一向下，心中就害怕，觉也睡不好，饭也吃不下。

2016年股市看盘绝招：

凡投资的朋友，当你拿起鼠标时，一定要想到：

你鼠标一点，投资有风险，你鼠标一露，亏盈要自负。

你鼠标一晃，股价会向上，你鼠标一划，股价会向下。

股市唤醒一代人，万人不入股市门！

股市就是灰太狼，股民就是喜羊羊，只要是狼就是强，弱势群体都是羊。
上市公司像饿虎，融资圈钱太离谱，融资离谱怎么办，弱势群体靠边站。

弱势群体买股票，不是割肉就被套，割肉被套很无奈，千万别把他人怪。
股市唤醒一代人，万人不入股市门，这种现象不改变，不炒股是聪明人。
投机人走进市场，想赚大钱抱幻想，有时幻想会破灭，请你赶快想一想。
投资人走进市场，可能成为董事长，要做趋势投资人，买进之后就会涨。

股神肯定不是人，市场真正是股神！

自以为是真害人，以为自己是股神，股民之中没有神，很多富人变穷人！
自以为是害死人，害了自己害别人，有人认为自己对，迟早一天变穷人！

没有不赚钱的股，只有不赚钱的人，就看你是哪种人，反正股市没有神。
谁把自己当股神，肯定不是一般人，股神肯定不是人，市场才是真股神。

炒股方法对了头，赚钱更上一层楼，要想赚钱并不难，快快认识高竹楼。
炒股只要方法对，市场老师永远对，市场说话你要听，市场指令要上心。

有缘认识高竹楼，以后买股别发愁，买股方法教会你，炒股要做"大滑头"！
买股方法要对头，买进股票别发愁，如果要问为什么？有缘认识高竹楼。

炒股要跟市场走，趋势在前我随后！

股市没有道理讲，涨跌都由市场定，股指何时向前进，党和政府发指令。
市场语言很重要，看你知道不知道，炒股就是两大招，向上买来向下抛。

相信市场相信党，此话含意要商量，2016年该怎么办，各人观点不一样。
实战作家高竹楼，研究股市比较透，炒股要跟市场走，趋势在前我随后。

炒股如同开汽车，先培训来后开车！

炒股如同开汽车，先培训来后开车，未经培训就开车，不是撞人就撞车！
炒股如同把车开，左驾右驾要分开，如果你把方向错，见到股市要离开。

炒股如把火车开，按照轨道向前开，一旦车头向后拐，火车就要向后开。
终点回头要知道，趋势向下别买票，趋势向下买股票，迟早一天要被套。

炒股治标又治本，你的财富拿得稳！

炒股治本不治标，你的财富水上漂，炒股治标不治本，你的财富拿不稳。
炒股治本又治标，股市财富把手招，炒股治标又治本，你的财富拿得稳！

历史重演常常见，股市规律不会变，如果你还不知道，要以万变应万变。
不以万变应万变，说明你还需磨练，看盘功力还不够，你的观点要改变。

炒股要听市场话，走到哪里都不怕!

投机人走进市场，想赚大钱抱幻想，有时幻想会破灭，请你赶快想一想。
投资人走进市场，可能成为董事长，要做趋势投资人，买进之后就会涨。

炒股简单最最好，慢慢熟习能生巧，不犯两次同样错，说明你就成熟了。
炒股就要简单化，肯定要听市场话，如果你还不赚钱，说明没听市场话。

一看牛熊判大势，二做波段中为主，三知头底知抛吸，四判趋势顺势为。
说长做短知未来，股市价位难预测，想知明天怎么办，看看趋势就明白。

跟着感觉买股票，这种方法不可靠，不看趋势就买进，很有可能就被套。
被套股票怎么办，抓紧机会赶快换，换成什么股最好，趋势向上为最好。

炒股跟着主力走，很多时候会失手，炒股跟着政策走，同样有时会失手。
炒股跟着市场走，钞票很快赚到手，炒股跟着趋势走，短中长线不失手。

炒股就要简单化，一定要听市场话，如果你还不赚钱，说明不听市场话。
炒股要听市场话，走到哪里都不怕，投资跟着市场走，金钱很快赚到手。

炒股不听市场话，后果实在太可怕! 炒股要听市场话，遇到问题别害怕!
炒股不跟市场走，金钱梦想都没有! 炒股要跟市场走，发财美梦很快有!

天天都有涨停股，要想抓到很辛苦，万种方法都用尽，心中仍然没有谱。
不是不听党的话，关键没听市场话，因为市场永远对，炒股要听市场话。

听话听话再听话，千万不能听错话，万一你要听错话，想想后果太可怕!

股市扩容不可怕，股指有上就有下，股市本身有趋势，紧跟趋势就别怕！

炒股一定有风险，遇到机会你就捡，一次失误没关系，一有机会你再捡！
市场市场太伟大，说话从来都算话，不管他人怎么说，违者见到心中怕！

市场市场真伟大，三点之前说实话，三点之后它休息，来日开盘再说话！
你要拜市场为师，很快成为分析师，拜师之间有舍得，你一定会成大师！

市场利用大券商，融资不和你商量！

市场利用大券商，融资不和你商量，大券商利用市场，资金直往口袋淌。
市场利用大主力，股市随时能大跌，大主力利用市场，股市随时会大涨。

市场利用大庄家，资金随时大搬家，大庄家利用市场，恶性圈钱没商量。
市场利用大基金，说故事来大家听，大基金利用市场，基民眼泪向下淌。

市场利用大机构，钱不够就大家凑，大机构利用市场，资金直往国库淌。
市场利用大银行，有时他们会白忙，大银行利用市场，有时跌来有时涨。

市场就是一只筐，大盘小盘都能装，大筐永远装不满，包装上市也可装。
一年赚钱二年赔，赔钱之后你怨谁，找谁谁都不认账，只能自己认倒霉。

一年之多没扩容，主板市场照样熊，一定要问为什么，主板市场就是熊！
股市融资又扩容，短期之内继续熊，不知到底熊多久？股市照样要扩容！

扩容扩容再融资，上上下下大家知，照样有人来炒股，不是呆子就是痴！
中国股市熊多长，多数主力不帮忙，中小散户很无奈，一年一年又白忙！

横有多长竖多高，一年一年都白忙，少数人仍抱幻想，数年之后悔断肠！
股市扩容太可怕，股指立即就向下，中小散户盘中餐，主力机构也害怕！

股市就是聚宝盆，看谁先捧聚宝盆，进盆取宝很不易，先要进贡能捧盆！
捧盆之后能取宝，很多企业向盆跑，后面紧跟一大批，都想发财来取宝！

资金缩水去哪里？股市就是不讲理，问谁谁都说不清，请你明白大道理！
股市市值大缩水，请看是谁在捣鬼？散户亏钱融资富，大量资金进国库！

次新股它风险大，就看谁的胆子大，买进之后碰运气，上涨之后别害怕！
次新股它风险小，小散跟着主力跑，买进之后短期套，主力不跑你别跑！

只要关注K均线，主力进退都显现，只要看盘功夫深，进进出出都看见！
小散要想少被骗，股市之中多磨炼，炼成一双透视眼，买股卖股不被骗！

你要研究基本面，十有八九要被骗，没有一家不造假，请你千万别被骗！
你要研究技术面，这种方法较全面，主力一举和一动，统统反映在盘面！

大盘跌它反而涨，这类股票很理想，不跟主力进和退，这种操作快别想！
大盘跌它跟着跌，这类股票要出局，炒股紧跟大主力，请你一定要警惕！

怎样能抓住黑马，首先要看看筹码，连续三天量递增，主力在集中筹码！
只要在集中筹码，该股可能是黑马，事后大家才知道，事前难知是黑马！

羊年走了猴年来，恭喜股民发大财！

年终大家算算账，多数股民没长胖，事实仍是多人输，只有少数人长胖。
羊年走了马年来，恭喜股民发大财，羊年走了猴年到，希望股民赚钞票。

羊年肯舍猴年得，炒股有舍才有得，世上万事有舍得，炒股不舍哪有得。
简单道理不知道，炒股哪能赚钞票？要想炒股赚大钱，大趋势到赚钞票！

旧年去了新年来，股指没有涨起来，股民又问为什么？扩容时代已到来！
新年到来真热闹，炒股很难赚钞票，过了一年又一年，炒股为啥难赚钱？

羊年走了猴年来，股民依旧没发财，天天在做发财梦，年终才知难发财。
羊年走了猴年来，炒股多数未发财，羊年走了猴年到，弱势不要炒股票。

说归说来笑归笑，炒股很难赚钞票，有人理论实在高，实战之后仍被套！
炒股各人有一套，买股之后会被套，理论一套又一套，实战之时换一套！

个人观点不能少，仅仅供你来参考！

个人观点不能少，仅仅供你来参考，他们所说别当真，短期之内见分晓！
股市扩容不可怕，炒股一定要听话，谁说话来最可靠，一定要听市场话！

个人观点太渺小，错的多来对的少，无数事实来证明，多数人输赢者少！
个人观点供参考，永远错多对的少，如果你还不相信，翻翻历史就知晓！

死多头来害死人，害了穷人害富人，死空头来也害人，害了自己害别人。
趋势向上做多头，趋势向下做空头，没有趋势当滑头，请问你属哪一头？

每日股市开盘前，各种媒体都发言，专业人士做股评，希望大家能赚钱。
每日股市开盘后，各种观点又来凑，希望大家赚到钱，赚到钱后能享受。

每日股市收盘后，有人依然没说够，各种观点反复讲，希望大家能接受。
赚钱要在趋势后，这种理念要接受，你能做到这一条，赚到大钱去享受。

如果走在趋势前，最多只能赚小钱，万一趋势有变化，一不止损就赔钱。
上升趋势能赚钱，下降趋势会赔钱，你要知道这一条，炒股才能赚到钱。

股市涨慢下跌快，快快学会买和卖，要从其中寻规律，赚钱之后跑得快！
买错千万别死扛，死扛之后悔断肠，如果你要不相信，事实让你悔断肠！

主力庄家实在坏，建仓慢来出货快，如果小散没经验，炒股肯定被淘汰。
主力庄家太狡猾，小散天天要观察，有时你要一走神，一波行情算白搭。

主力庄家不是人，自以为是是股神，因为股市没有神，很多富人变穷人。
主力庄家真害人，害了很多炒股人，和他讲理说不通，有时想想太气人。

首先和你谈板块，然后再谈买和卖！

首先和你谈板块，然后再谈买和卖，板块没有好坏分，只分先后慢和快。
只要行情一启动，板块一定会轮动，谁先谁后说不准，先动后动都要动。

谁先动要跟谁跑，赚钱红包少不了，如果机会没抓住，紧随其后跟着跑。
板块有跌就有涨，少数人是这么想，板块没有好与坏，先后都分买和卖。
好板块会涨越快，要跟紧龙头板块，先涨后涨都要涨，先卖后卖都要卖。

板块有涨就有跌，跌时机构不给力，跌时融券要做空，赚钱行情不踏空。

大盘小盘创业板，炒股方向不能反，只有不赚钱的人，没有不赚钱的板。
炒股有人不适合，就看你来怎么说，愿赌服输放在前，端正态度才好说。

拜师学艺放在后，看你是否能接受，不能接受怎么办，见到股市即向后。
金盆洗手是后话，没有资金别说话，因为炒股已输光，后悔不听市场话。

动态行情很实在，让你买来让你卖！

最后再来谈个股，什么股可捂一捂，个股已有二千多，趋势向上可以捂。
一旦个股趋势下，请你千万不要怕，做空机会已来临，大胆做空别害怕。

动态行情很实在，让你买来让你卖，有时让你难捉摸，市场反映在形态。
什么形态可以买，上升股趋可以买，什么形态可以卖，下降股趋即可卖。

你如研究基本面，绝大多数都被骗，没有一家不造假，十有八九要被骗。
尽少研究基本面，加紧研究技术面，如果要问为什么？主力进出在盘面。

你要研究技术面，这种方法较全面，主力一举和一动，统统反映在盘面。
技术面要研究透，赚钱好好去享受，万一你还不赚钱，看盘功力还不够。

不懂政策买股票，误打误撞赚钞票，一旦政策方向变，手中股票会被套。
不懂技术买股票，一不小心就被套，被套不知为什么，上下趋势不知道。

每天都有个股涨，很多股民抱幻想，千里选一实在难，买到手后就不涨。
天天都有好股票，很难被你来抓到，千里挑一实在难，买后多数会被套。

每天都有股票下，买到手后太可怕，千只股票总有跌，运气不好就被套。
短线趋势已向下，高手买股也害怕，耐心观望莫急躁，买股要等趋势上。

有时莫名其妙跌，有时莫名其妙涨，这样个股经常有，你要仔细想一想。
涨跌一定有原因，请你一定要分清，其他原因弄不清，市场指令定要听。

收盘站在均线下，短线趋势已向下，现在做多有点怕，请你快把空单下。
收盘站在均线上，短线趋势已向上，现在做空方向错，做多继续再观望。

次新股它风险大，就看谁的胆子大，买进之后心无底，上涨之后别害怕。
次新股它风险小，买进跟着主力跑，建仓之后如被套，主力不跑你别跑。

炒股都想买白马，大家都想骑黑马，炒股者是人人想，小散很难抓黑马。
万一碰上大黑马，洗盘之后抛下马，一卖之后它就涨，很难再骑上黑马。

小散怎样骑黑马，首先要看看筹码，连续三天放大量，主力正在集筹码。
只要筹码集中了，该股可能是黑马，事后大家才知道，事前难知是黑马。

只要趋势刚向上，买股永远不上当，买进之后等几日，心也宽来体也胖。
只要趋势刚向下，买股后果太可怕，真是觉也睡不着，而且饭也吃不下。

股市就是摇钱树，大家天天来摇树，摇对金钱往下淌，看你何时来摇树。
日出摇树赚大钱，中午摇树能赚钱，下午摇树赚小钱，日落摇树要赔钱。

政策规律二为一，不是涨来就是跌，如果要问为什么，历史规律告诉你。
如果政策调规律，市场趋势难改变，趋势永远上下行，政策跟从趋势行。

炒股容易赚钱难，想赚大钱难上难，为啥赚钱难上难，战胜自己太困难。
炒股随时能买卖，看你反应快不快，反应快者能赚钱，反应慢者被淘汰。

炒股方式有两种，投资投机各一种！

炒股方式有两种，投资投机各一种，投机就是短平快，投资就要慢慢来。
投机可以天天买，赚点小钱快拜拜，一不小心眼一眨，老母鸡会变成鸭！

投机也可天天卖，看你是否有能耐，赔钱也是常有事，赔钱要有好心态！
投资更要好心态，看对趋势就别卖，耐心持有要等待，一赚就是几万块！

股市实战最重要，理论可要可不要，何时买来何时卖，K线均线最可靠！
股市K线和均线，股民天天都看见，为啥炒股多人输，多数股民有偏见！

K线上涨五点买，短线趋势易上拐，下跌五点向下拐，短线千万不能买！
五点站在五线上，买股很少会上当，五点站在五线下，设好止损别害怕！

看盘方法要简单，要知趋势一二三，一是看多要持股，股价可能翻一番。
二是不能长期捂，长捂一定要吃苦，三是千万不能捂，一捂就成套牢股。

炒股赚钱很简单，要知是一还是三！

判势方法很简单，要知是一还是三，是一继续要做多，是三就是鬼门关。
买股方法也简单，同样要知一二三，是一就要大胆买，赚钱就是很简单。

股票没有好坏分，主力有减就有增，下跌就是坏股票，上涨说明资金增。

股票有涨就有跌，下跌机构不给力，只要上涨你做多，主力机构都出力。

股票没有好与坏，利用趋势分好坏，上升趋势就是好，下降趋势就是坏。
股票没有好与差，千丝万缕你我他，股票没有坏与好，认准趋势就是它。

做多你要向上跑，做空你要向下跑，多空就是一字差，永远跟着趋势跑。
输赢也是一字差，输赢连着千万家。谁也不想当输家，学会方法当赢家。

股票不分好与孬，相对高位要高抛，相对高位你不卖，趋势很快就变坏。
趋势变坏快快卖，不卖趋势会更坏，到时一定会后悔，千万别把他人怪。

炒股实质就炒涨，你想我想大家想，不是每人能做到，上升趋势就上涨。
炒股就炒强势股，买到手后要能捂，只要趋势不改变，赚到钱后去跳舞。

熊市要炒牛市股，越强越买不落伍，只要趋势向下拐，落袋为安口袋捂。
永远不炒熊市股，这种股票不能捂，越捂资金越缩水，最后让你大吃苦。

炒股就是玩游戏，输了一定要服气，不服气该怎么办？抓紧时间去学艺。
炒股历来赢家少，赚钱肯定有法宝，一定要问为什么？股市不能天天炒。

炒股就是玩游戏，赢点小钱别得意，输了一定要服气，不输不赢是运气。
炒股输钱怎么办？快快拜师去学艺，不愿学艺怎么办？见到股市靠边站。

股市一涨就发懵，不顾风险向前冲，这种现象要改变，看准趋势向前冲。
股市一跌就发昏，就说主力在挖坑，这种情况要分析，被套力度深不深。

炒股实质就炒涨，趋势向上买就涨！

炒股就是炒心态？ 越炒资金会越少，输钱之后炒心态，越炒心态会更坏。
炒股就是炒未来？ 多数股民未发财，炒股就是炒题材，仍然多数未发财。

炒股就是炒业绩？ 你要做高抛低吸，炒股就是炒趋势，赚钱要靠大趋势。
炒股实质就炒涨？ 趋势向上买就涨，ＳＴ股来照样涨，股价翻倍不敢想。

炒股就是炒心跳？ 看你手中是何票，好股呼呼向上涨，坏股仍然睡大觉。
炒股就是炒心态？ 手中股票坏不坏？ 股票没有好坏分，下跌股票就是坏。

炒股就是炒成长？ 大多数人抱幻想，一觉睡醒黄粱梦，手中股票还没涨。
炒股就是炒趋势？ 真正赚钱靠趋势，趋势在前我随后，股市规律能看透。

炒股就为发大财，学会方法财就来！

炒股八大辩证法，让你学会找方法，赚钱方法学会后，让你当天就大发！
炒股就为发大财，学会方法财就来，只要方法一找到，当天就能赚钞票！

买股方法不对头，买进股票愁上愁，什么方法能排忧，买股要抓大龙头！
龙头股票不好找，炒股赚钱就要跑，赚钱不跑怎么办？ 见到股市靠边站！

炒股只要方法对，看盘买卖不受累，炒股只要方法好，赚钱肯定少不了！
学会一条能赚钱，如同天天过大年，如果你要不执行，收益永远等于零！

国家发新国九条，股指当时向上调，可惜好景不常在，一天之后主力跑！
跟风者来买股票，没有回报即被套，赚钱效应实在小，观望等待最为妙！

新国九条是利好？部分主力跟着跑，紧跟其后人不多，随即有人向后跑！
新国九条是利空？少数傻子跟着冲，他们冲后回头看，股指随后不上攻！

买股卖股很微妙，好股买后睡大觉，圆了一场中国梦，睡醒之后赚钞票！
买股卖股太微妙，买到坏股少睡觉，做了一场黄粱梦，好梦又成肥皂泡！

新国九条一日游，买股者们又发愁，这种日子怎么过，学会方法别发愁！
怎么买股才算对，请你一定要学会，趋势在前我随后，这种方法快学会！

世界股市涨与跌，全部反映在市场！

管理层他怎么想？结果反映在市场，政策利空出大阴，政策利好出大阳。
银行主力怎么想？仍然反映在市场，资金做空出大阴，资金做多出大阳。

中小散户怎么想？统统反映在市场，人气大减出大阴，人气大增出大阳。
一根长阴表示跌，一根长阳表示涨，世界股市涨与跌，全部反映在市场！

走势图代表市场，少数人是这样想，不管你承不承认，笔者也是这么想。
市场配合大土力，市场说跌它就跌，大主力配合市场，股市说涨它就涨。

空头排列代表跌，多头排列代表涨，不涨不跌十字星，小阳小阴它不涨。
走势图就是市场，不管他人怎么想，承不承认没关系，走势图等于市场。

走势图是部天书，亿万股民看天书，千万股民天天看，少数赚钱多数输。
看懂之后赚大钱，看不懂的就认输，中国股市二十年，股民何时懂天书。

消息面是怎反映，重大利空是大阴，重大利好是大阳，中性消息十字星。

基本面是怎反映，业绩递增是大阳，业绩递减是大阴，业绩一般十字星。

要想看懂此天书，要拜市场为师父，如果你要不相信，休想看懂此天书。
拜师如果拜对人，将由穷人变富人，拜师如果拜错人，将由富人变穷人。

人间万事有舍得，股市小舍能大得！

一不学习问题多，二不总结走下坡，三不听话永亏钱，四不服气输更多！
不交学费未见过，要想赚钱拜师父，如果你还做不到，离开股市找归宿！

人间万事有舍得，股市小舍能大得，不舍不得是常理，先舍后舍才能得。
舍得舍得舍不得，不舍不舍而不得，如果不舍就不得，有小舍才有大得。

偷鸡首先撒把米，不管是谁难幸免，你想投机大功成，第一件事是撒米！
如果投机不撒米，想发大财在哪里？如果不愿把米撒，到哪里去抓黑马！

偷鸡首先撒把米，成功机会降临你！只要愿意去撒米，赚钱机会会给你！
日后若你能撒米，发财机会定给你！如果仍不愿撒米，发财机会定没你！

炒股一定有所图，你要做市场之徒，你要和市场有缘，很快你就会有钱！
相信市场是俊杰，市场一定会给力，给力之时要满仓，等待市场发大力！

市场水平实在高，目前无人把它超！

相信市场相信党，股市说涨它就涨，有时政策来指挥，所以股市会上涨！
相信党相信市场，股市每年都会涨，因为市场永远对，相信市场钞票淌！

相信政策相信党，股市一定会上涨，天时地利加人和，三者共振就上涨。
市场永远是老师，智者快快去拜师，市场老师永远对，看懂大盘就出师。

炒股不听市场话，后果实在太可怕！炒股要听市场话，遇到问题别害怕！
炒股不跟市场走，金钱梦想都没有！炒股要跟市场走，发财美梦很快有！

主席提及中国梦，国家在圆中国梦，股民怎样去圆梦，炒股发财是场梦！
这场梦能做多长？直到你来被灭亡？这种想法要不得，这种想法很荒唐！

怎么能圆中国梦，下降趋势你别碰，万一让你碰上了，获利了结快逃跑！
万一逃跑来不及，暂时请你别着急，再等下次机会来，果断卖出赶紧跑！

为啥赚钱难上难，战胜市场太困难！

趋势向上出利好，多数股指往上跑，趋势向上出利空，少数股指往下冲。
趋势向下出利好，少数股指往上跑，趋势向下出利空，多数股指往下冲。

炒股方向不能反，一反大户变小散，要问怎样能做到？学习以后就知道。
何时一阳上三线，小底随时会出现，政策技术不能少，两种方法学到老。

熊市操作要观望，永远不会上大当，只要执行这一条，你将成为大富豪。
熊市千万别捂股，千万别把仓来补，一不小心买错股，果断离场少吃苦。

大盘红多绿色少，你要跟着多头跑，做多暂时不要卖，很快钱包就满了！
大盘绿多红色少，你要跟着空头跑，如果你要跑迟了，最后钱包就空了！

风险在前赢在后，赚钱走在趋势后，如果你要不服气，炒股让你输个够。

风险在后赢在前，这种想法别接受，如果你要不相信，赔钱之后很难受。

只要趋势刚向上，买股永远不上当，买进之后等几日，心也宽来体也胖。
只要趋势刚向下，买股后果太可怕，真是觉也睡不着，而且饭也吃不下。

炒股容易赚钱难，想赚大钱难上难，为啥赚钱难上难，战胜市场太困难。
投机随时能买卖，看你反应快不快，反应快者能赚钱，反应慢者被淘汰。

炒股辛苦不辛苦，想想长征二万五！

炒股辛苦不辛苦，想想长征二万五，长征之后见光明，投资股票太辛苦。
趋势向上要买股，买到之后就要捂，趋势向下如买股，买股千万不能捂。

如果现在要炒股，赚钱实在太辛苦，一赢两平七人亏，股市赢家屈指数。
中国股民抱希望，结果越来越失望，股指总是不见涨，由失望来变绝望。

炒股到底累不累，有人连觉都少睡，算来算去未算对，股指十年大倒退。
炒股到底悲不悲，十有八九炒股亏，大家都问为什么，自以为是才会亏。

炒股到底苦不苦，熊市股票不能捂，只能牛市炒股票，买进之后要能捂。
炒股到底乐不乐，各人都有各人说，多空天天有争论，好股依然抓不着。

实战水平高不高，检验标准仍两招！

炒股实质就炒涨，你想我想大家想，要想做到这一条，上升趋势才能涨。
大趋势能赚大钱，小趋势只赚小钱，没有趋势怎么办？没有趋势不赚钱。

理论水平高不高，检验方法只两招，趋势向上永可买，趋势向下永可抛。
实战水平高不高，检验标准仍两招，拐点向上你就买，拐点向下你就抛！

高智商加高科技，投资赚钱很容易！

炒股软件会说话，告诉大家别害怕，股票何时买和卖，代表市场指令下！
市场指令开始下，做多做空都别怕，一定要跟市场走，一定要听市场话！

市场指令下达后，请你一定要接受，千万不能对着干，市场永远是正确。
市场市场大市场，指挥股市跌和涨，市场永远不会错，大家仔细想一想。

导航仪它怪不怪，自动下达买和卖，大小趋势变方向，立即出现买和卖。
如果你还有怀疑，希望你能零距离，到现场来看一看，赚钱要用导航仪！

下达买时你要买，二点半后大胆买，下达卖时你要卖，赚钱之后跑要快！
不敢说世界第一，国内软件数第一，炒股要想赚大钱，首选工具导航仪！

你想与主力见面，一定要有好软件，炒股没有好软件，只好和股市再见。
炒股达到目的地，一定要用好工具，赚钱要达目的地，一定要用高科技。

生活领域高科技，手机电脑计算器，家家户户人人有，日常生活很便利。
相信技术能赚钱，炒股也要高科技，高科技管不管用？看你会用不会用！

国防有了高科技，打仗有了核武器。汽车有了高科技，可以配置导航仪。
炒股有了导航仪，股市赚钱零距离！炒股有了高科技，解套赚钱能兑现。

炒股就是玩游戏，赚钱要用高科技，不信请你试一试，最终一定会服气。

开始你会不服气，亏钱之后会生气，多次亏钱找原因，赚钱定要高科技。

高智商加高科技，投资赚钱很容易，两高多数不具备，投资很难有收益。
一高也能有收益，看你愿意不愿意，刻苦勤奋加磨炼，最终才能有收益。

投资要有高智商，炒股赚钱没商量，投资没有高智商，再多资金都输光。
高智商如果不够，请用高科技来凑，高科技不是都有，请你快快去采购。

下面是"做空者"经典总结：

做多做空两面派，赚钱肯定来得快！

你开始学会做多，钞票会越来越多，然后要学会做空，行情永远不踏空。
你想成为大赢家，现在开始学做空，当你学会做空后，永远走在趋势后。

学会向前和向后，双向赚钱去享受，赶快拜师和学艺，多空规律能悟透。
融资做多能赚钱，融券做空也赚钱，学会多空操作法，做多做空都赚钱。

做多做空两面派，赚钱肯定来得快，请你仔细想一想，哪种方法赚钱快。
做多做空要想赢，请你果断必执行，操作之时不果断，做多做空都难赢。

要想行情不踏空，必须要学会做空，要想永远赚大钱，一定要学会做空。
学会做多和做空，跟着股指向前冲，谁能做到是赢家，炒股一定会做空。

股票不分好与坏，就分涨幅慢与快，上涨股票就是好，下跌股票就是坏。
股票下跌不可怕，你即可把空单下，如果想把大钱赚，下单之后等一下。

股票上涨你做多，看多做多收益多，如果你想发大财，趋势不下永做多。
多做多空都可行，关健看你是否赢，赚钱就是真英雄，赔钱你也别装熊。

做多做空都可以，你要理财财理你，理财目的为赚钱，赚钱之后当经理。
做多做空都可赢，看你水平行不行，水平不行怎么办，紧跟市场同时行。

一分为二要用上，股票有下就有上，上下都能把钱赚，看你选下还选上。
合二为一要常用，看你会用不会用，你不会用怎么办，学习之后就会用。

开车向前不向后，交通规则没学透，尽快学会向后倒，当天学会赚钞票。
K线站在红线上，融资做多有进账，K线站在绿线下，融券做空别害怕。

你要精通 T + 0，投机投资都能赢！

首先知道 T + 0，投机说明你还行，如果不知 T + 0，投机投资都不行。
如果不学 T + 0，投机说明你不行，如果学会 T + 0，投机投资样样行。

如果不会 T + 0，炒股多数很难赢，如果不精 T + 0，炒期赚钱更难赢。
T+0方法是个宝，炒股炒期不能少， T+0方法是万能，做多做空样样能。

炒股学会 T + 0，十次能有四次赢，炒股不会 T + 0，十次能有一次赢。
炒期学会 T + 0，十次能有八次赢，炒期不会 T + 0，十次能有二次赢。

你要精通 T + 0，投机投资都能赢，你要会用 T + 0，多多少少都能赢。
如果炒股要想赢，必须学会 T + 0，如果炒期要想赢，必须精通 T + 0。

现在炒股T + 1，千万不能来就业，中国股市二十年，大多数人没毕业。
如果实行T + 0，学会操作就能赢，做多做空双刃剑，你赢我赢大家赢。

人生不过几十年，不能天天赚大钱！

如果炒股要想赢，要提高看盘水平。如果炒股不想输，请你多读几本书。
炒股水平要提高，首先要把学费交。炒股要想达目的，一定先好好学习。

走一步来看一步，多数小散这样做，主力拉升有快慢，分清洗盘与出货。
进两步来退一步，这类股票要关注，做多要有耐心等，最终股价跨大步。

庄家一步三回头，这类股票不能留，做多碰上这类股，赚钱可能等白头。
进一退二也会有，这类股票不能捂，如果做空你进场，做多别把仓来补。

庄家也分快和慢，走几步来看一看，这类庄家很小心，市场说话它会听。
庄家也分慢和快，看你是否有能耐，没有能耐要学习，输钱别把庄家怪。

炒股水平要提高，一定要学会高抛。炒股水平提高后，趋势在前你随后。
想以炒股来养家，赚钱方法要学会。靠股市养家糊口，必须跟着趋势走。

投资要顺其自然，遇事要处之泰然，小赚之时要淡然，小赔之时要坦然。
炒股曲折很自然，大赚大赔要悟然，炒股赔钱是必然，炒股赚钱是偶然。

市场理论就是对，就看你来会不会，不会操作怎么办？抓紧时间快学会。
市场理论就是宝，看你知道不知道，不知道该怎么办？抓紧时间赶快找！

要以万变应万变，才是炒股真理念，股市趋势向上变，做多买股要兑现！
股市趋势向下变，做空卖股快变现，如果你要做不到，学会万变应万变。
耳听为虚眼见实，本人讲的是事实，如果你还不相信，炒股一定要务实。

务实才能赚大钱，如同天天过大年，有人炒股二十年，仍然没能赚大钱。

事实它就是事实，炒股有舍才有得，大家都说已经舍，为啥至今没有得。
股市至今二十年，股民多数没赚钱，股民为啥多人输，涨涨跌跌看不明！

人生不过几十年，不能天天赚大钱，炒股输赢别介意，健康快乐最值钱。
天天炒股苦无边，看准趋势如神仙，愿你别为炒股烦，轻松快乐每一天。

本人讲得好不好，仅仅供你去参考，本人如果讲对了，学会之后用到老。
本人如果讲错了，请你千万别计较，本人如果讲得对，请你慢慢去理会。

附录二 "大趋势"软件操作说明

应用中快捷键一览表（2013-06-01更新）快捷键：

F1：帮助系统

F2：切换到行情报价表（如果当前为行情报价表，则不起作用）

F3：选择指标（只在图形窗口中起作用）

F4：大盘指数切换（只在图形窗口中起作用）

F5：分时线、日线切换（只在图形窗口中起作用），点数图中切换周期

F6：指标排序（在列表窗口中起作用）

F7：条件选股

F8：周期切换（在图形窗口中起作用）、板块切换

F9：查看接收到的交易所公告及财经报道

F10：基本资料

F11：复权处理/取消复权（只在图形窗口中起作用）

Shift + W：显示／不显示公式/板块管理面板

Shift + X：显示／不显示画线工具栏

Alt + 1：只显示主图（只在图形窗口中起作用）

Alt + 2：显示主图和一个副图（只在图形窗口中起作用）

Alt + 3：显示主图和两个副图（只在图形窗口中起作用）

Alt + 4：显示主图和三个副图（只在图形窗口中起作用）

在图形分析窗口可用以下快捷键切换分析周期：

0：分笔成交 1：1分钟线2：5分钟线

3：15分钟线 4：30分钟线 5：60分钟线

6：日线

7：周线

8：月线

9：年线D：多日线（用户自定周期）

↑：K线柱体放宽

↓：K线柱体缩窄

←：十字光标线向左移动

→：十字光标线向右移动

图形窗口中无右信息栏时[+]、[-]分别为缩小、放大走势图

Home：十字光标线向左移动到当前画面的最左边一条K线

End：十字光标线向右移动到当前画面的最右边一条K线

Ctrl+←：K线向左移动

Ctrl+→：K线向右移动

Page Up：上一券种

Page Down：下一券种

直接键入代码如：600000回车，即切换到浦发银行。

支持"81-87"的快捷功能：

81：沪A综合排名

82：沪B综合排名

83：深A综合排名

84：深B综合排名

85：A股综合排名

86：B股综合排名

87：基金综合排名

89：是中小板块的涨跌幅排行。

支持"61-67"的快捷功能：

61：沪A涨幅排名

62：沪B涨幅排名

63：深A涨幅排名

64：深B涨幅排名

65：A股涨幅排名

66：B股涨幅排名

67：基金涨幅排名

05：分时/日线切换

06：自选股

10：基本资料

附录三　作者简历

性别：男

出生时间：1949年11月

爱好：听歌、看盘

性格：开朗、直率、坦诚

最爱的格言：有志者，事竟成，不达目的，誓不罢休

操作特点：用"大趋势·导航仪"会说话炒股软件，以"短线"目标进，"中线"目标出的操作思路及手法

股龄：19年

股市沉浮：

◆ 1997年1月，用20万资金进一级市场，连续中8个新股签号，近4个月资金翻番。

◆ 1997年3月，在二级市场中，以22.00元价买入平安银行（原名：深发展）2个月后以38.00元卖出。

◆ 1998年5月，进入南方金桥大户室，当时大盘异动，资金卡急速缩水，引起反思。

◆ 1998年6月，偶然在"钱龙软件"的技术指标中发现"四点一线"最佳买点，对照以往深、沪股市运行，无论A股、B股、H股、G股、基金、期货，（世界各国股市通用）只要"光标"移至某一点位，股价便开始拉升，至此发现了股市波动"规律"。1998年8月，经过近3个月的反复研究、论证，一本阐述"一招定乾坤"（最佳买点）、"一式见分晓"（最佳卖点）的股市技术操作方法的书籍《炒股就一招》面市，数月后"一招定乾坤"光盘面市。（目前"四点一线"法，在股市中仍实用。）

◆ 1998年下半年起，便不断给中国证监会有关领导去电、去函，阐述自己关于中国股市有其"自身规律"之说。

◆ 1999年"5·19"行情后，开始研究中国股市"政策与规律"之间的关系，至2001年其有关"市场规律"已得到大家的共识。

◆ 2000年起，开始着手开发"傻瓜型"高抛低吸软件，经过两年多的苦心钻研，终有结果。

◆ 2003年5月，开"炒股软件先河"，以文字提示为主、使投资者能一目了然进行实盘操作的智能化"傻瓜型"炒股软件——"一秒判势"软件开发成功。

◆ 2003年6月，在"一秒判势"软件的基础上，在征询了广大股民朋友的意见，并经过实战检验的基础上，成功开发出最新式、傻瓜型、全自动的"一图定乾坤"大趋势炒股软件。

◆ 2005年3月，建立自己的"大趋势"网站www.85132400.com，公布自己的研究成果。

◆ 2005年6月，接受记者白青山采访，并被收录在2006年1月发行的畅销书《民间股神》中。

◆ 2005年11月，接受中国经济出版社彭彩霞编辑采访，并于2006年4月出版了《一图定乾坤》股市实战教材。

◆ 2006年1月，为了配合新书的发行，又建立自己的"一图定乾坤"网站www.ytdqk.com，将最新式、傻瓜型、全自动的"一图定乾坤"【大趋势·会说话】炒股软件，将"K线、均线、趋势、箱体"四大理论，全部文字化、语言化，公布于众。

◆ 2006年5月，接受上海《商报》记者采访及报道，公开介绍"一图定乾坤"软件。

◆ 2006年6月，接受上海《劳动报》记者采访及报道。

◆ 2006年7月，接受南京《金陵晚报》记者采访及报道。

◆ 2006年7月，在上海电视台做"大趋势软件"介绍。

◆ 2006年9月，接受"投资有道"月刊记者采访及报道，公开介绍"一图定乾坤"。

◆ 2006年10月，"大趋势软件"参加深圳"第八届"高新科技交易会，受到广大股友的好评。

◆ 2006年11月，"大趋势软件"参加上海"第四届"投资理财博览会，受到广大股友的好评。

◆ 2007年4月，再次接受中国经济出版社彭彩霞编辑采访，并于2007年8月发行了《手把手教你看盘》股市实战教材。此书被评为2007年股市十大畅销书之一。

◆ 2007年10月，被聘为苏州经济广播电台股市专栏嘉宾，天天评股。

◆ 2007年10月至2008年4月，受苏州经济广播电台多次邀请，去苏州与广大听众见面交流，受到广大听众的好评。

◆ 2008年5月，在北京"学习型中国"投资理财论坛会上，与大家分享"市场"理论。

◆ 2009年1月，接受《扬州晚报》记者采访及报道。

◆ 2009年3月，又一次接受中国经济出版社彭彩霞编辑采访，并于2009年5月发行了《趋势买·卖点》股市实战教材。

◆ 2009年4月，接受中国财经出版社编辑采访，并于2009年7月发行了《股市实战兵法——炒股就两招》股市实战教材。

◆ 2009年4月，接受长春某培训机构、焦作某培训机构邀请，与广大投资者面对面交流。

◆ 2009年7月，受中国经济出版社和上海大众书局的邀请，为《趋势买·卖点》上市接受上海《商报》、南京《金陵晚报》、《江苏快报》、《扬子晚报》、《新华日报》等记者采访及报道。《趋势买·卖点》已在"宝岛台湾"上架，定价为：新台币221元。

◆ 2009年10月，受中国财经出版社的邀请，在北京宏源证券及银河证券营业部与广大读者进行面对面交流，介绍了按"太阳理论"的核心"日出而作、日落而息"的准则进行操作的方法，这种简单而又能在股市赢利的方法，让到场的读者叹为观止。

◆ 2010年3月，《炒股就炒涨》由中国工商出版社出版。

◆ 2010年10月，《股市拐点会说话》由经济日报出版社出版。

◆ 2010年10月，受北京《知钱俱乐部》的邀请，与广大投资者面对面交流。

◆ 2010年10月，接受腾讯网采访。

◆ 2010年10月，接受北京电视台采访。

◆ 2010年11月，《看对趋势操对盘》由海天出版社出版。

◆ 2010年11月，参加深圳十二届高交会，将股市"导航仪"推向全国，推向世界。

◆ 2011年7月，《趋势在前我随后》，由中国经济出版社出版。

◆ 2011年1月至10月，多次与南京广大股民零距离。全面提倡：在正确时间段，做正确的事，做趋势投资者，赢在大趋势，买了就涨的投资理念。

◆ 2013年4月，笔者第十本股市教材《赢在大趋势》由海天出版社出版。

◆ 2014年5月，加盟广东达而富信息科技有限公司，任首席讲师。

◆ 2014年11月，加盟香港千丰国际有限公司，任首席讲师。

◆ 2014年11月，加盟美林（杭州）资产管理有限公司，任首席讲师。

◆ 2014年12月，加盟广东金矿资产管理有限公司，任首席讲师。

◆ 2015年3月，《面对面教你炒股》，由中国经济出版社出版。

◆ 2016年1月，《炒股赚钱就两招》，由海天出版社出版。

作者编后感言

2009年8月初，笔者父子共同编写《炒股就是炒趋势》，2010年11月，笔者父子共同编写《炒股就是炒趋势》的姊妹篇《看对趋势操对盘》。2013年10月，笔者父子又共同编写《赢在大趋势》的提高版，在海天出版社出版后，在三年多的时间内，我们几乎每天都会接到全国各地读者的电话，有问个股趋势的、有问股市后势将怎样运行、有问政策在股市中到底起什么作用、有问技术派在股市中能否帮大家赚钱等各类问题，几乎所有的来电读者对这三本书给予高度的评价，就是实在、实用，能帮助小散户们指点迷津，用简单的语言、图表让读者一看就懂，一学就会，手中个股对照图表立刻就知道下一步该怎么办。不少读者还给我们提出宝贵意见和建议，希望我们在原有的观点上、基础上进一步帮助广大读者在股市中赚大钱。通过近一年的深入研发，我们决定再编写《炒股赚钱就两招》与广大有缘读者进一步沟通和交流。

很多读者从全国各地来南京找我们交流学习，拜师访友，我们也去了深圳、广州、珠海、北京、上海等大城市与广大读者见面交流。

得知在2015年中，仍然有80%以上的炒股者不赚钱，大家总问为什么。

大家天天看盘、研究，寻求最佳买点、卖点，做波段、做差价、高抛、低吸各种手段都用尽，有的投资真是废寝忘食，已快成股呆、股痴、股迷了，怎么也无法弄懂股市"买、卖"这两个操作手法的真正含义和要领。很多千万富翁、百万富翁的资金不但没有增加，反而在减少，而有些读者由于资金较大，去找机构、庄家帮他们操盘，结果仍然是输多赢少。

当他们与我们经过交流，给他们解答了各种有关股市的难题，把"市场走势图"放在他们前面，指点迷津，他们立刻恍然大悟；按我们最新研究的"汽车理论"告诉他们什么时候开车，什么时候停车，然后再对症下药，什么股票什么时候该买、什么股票什么时候该卖、短线怎么做、中线怎么做、长线怎么做，使他们立刻明白了"炒股赚钱就两招"的真正含义。

笔者把近20年股市实践和理论在《炒股赚钱就两招》这本实战教材公开，让广大有缘的读者，能从中悟出点什么或学会点什么，能从股市中赚回以前交给股市的学费，成为股市的大赢家。

新中国股市已运行了20多年，笔者总结出五大操作法、八大辩证法、股市十二问，较全面地总结中国股市运行规律。

最后，笔者要感谢海天出版社的领导，以及最要感谢的是编辑部主任张绪华老师。没有张绪华老师的推荐，大家也不会看到《炒股赚钱就两招》这本实战教材了。

愿天下的有缘读者能从本教材中学会一点或两点，一条或两条对你有益的方法，能帮你在千变万化的股市中赚到钱，我们也就欣慰了。

没有不挣钱的股票，只有不挣钱的人。中国80%股民朋友做不到"炒股就两招"，总是在看机构荐股、听专家评股、相信朋友内幕、追涨杀跌，岂能不赔钱？个股基本面再好、热点再热，看不准大趋势，看不准买、卖点，不知何时才适合买入何时卖出，还是两个字——赔钱。

笔者最终感悟：炒股如开车，必须经过严格驾驶培训后，才能开车，在你没有拿到驾照前，就算送你一辆宝马、一辆奔驰，你敢开吗？如果你敢开，后果是什么？请大家想一想吧！

同样，炒股前如果你没有经过严格的炒股培训，盲目炒股的后果是什么？请大家想一想吧！

我们的最新观点认为，高科技产品已给大家的生活带来幸福、带来欢乐、带来便利，为什么不能给我们带来更丰厚的财富呢？

我们的最新观点还认为，在21世纪的今天，高科技产品在我们日常生活中比比皆是，人们的生活质量大大提高。出行有动车、高铁，手机有3G、

4G、蓝牙，开车有导航仪……为什么炒股、炒黄金、炒白银不去用高科技产品呢？

以上观点均为笔者一家之言，愿天下的有缘的读者，能从《炒股赚钱就两招》这本实战教材中受益，其中一条对你有用，你就用其中一条，其中两条对你有用，你就用其中两条。能帮你在千变万化的股市中赚到钱，我们也就欣慰了。

如教材中的理论没有一条对你管用，请你仍按原来的方法炒股。千言万语变成一句话，一定要牢记听市场的话，拥有跟大趋势走的操作理念，万万不能违背或对抗市场和趋势，否则你一定是一个失败的炒股者。

想在股市中赚到大钱，必须要先付出时间，付出学费，付出后才能有回报。切记先舍而后得，不舍而不得，有舍才有得的处世哲学，天上永远不会掉馅饼。

> 人间万事有舍得，股市不能舍不得。
>
> 不舍不得是常理，先舍后舍才能得。
>
> 舍得舍得舍而得，不舍不舍而不得。
>
> 如果不舍定不得，有舍有舍才有得。

最后友情提醒：股市有风险，操作需谨慎。

高竹楼　高海宁

2015年11月22日　于南京

"民间股神"高竹楼经典语录

炒股首先交学费，股市学费非常贵

炒股首先交学费，股市学费非常贵，十万百万上千万，二十五年没学会。
主力机构加小散，这波行情很悲惨，到底要问为什么？因为操作方向反。
趋势向上你做多，趋势向下你做空，赚钱行情不踏空，多空赚钱很轻松。
趋势在前你随后，主力动向能看透，趋势在后你在前，炒股很难赚大钱。

相信政策相信党，股市一定会上涨

相信市场相信党，股市说涨它就涨，有了管理层指挥，所以股市会上涨。
相信党相信市场，股市每年都会涨，因为市场永远对，相信市场钞票淌。
战略要跟趋势走，战术要听市场话，战略趋势把方向，战术基本不会错。
股市之中无绝对，相对而言基本对，要以万变应万变，才是炒股真理念。

股市何时要亮剑，相对底部大阳线

股市何时要亮剑，相对底部大阳线，相对底部出大阳，相对底部说再见。
相对底部出大阳，股民心中喜洋洋，如果你敢买股票，买后股价等上扬。
股市何时要回剑，相对顶部大阴线，只要大阴一出现，相对顶部要显现。
相对高位大阴线，要和股票说再见，只要意志不坚定，你就等着被套牢。

炒股赚钱都想赢，请提高看盘水平

炒股赚钱都想赢，请提高看盘水平，看盘水平怎提高？要有付出才能赢。
不付出哪能回报，炒股很难赚钞票，想赚钱要学两招，学会低吸和高抛。
学会高抛和低吸，看您努力不努力，如果你要不付出，等于出工不出力。
炒股实质就两招，学会低吸和高抛，教你学会一招买，让您学会一招抛。

投资不能太任性，输钱之后不高兴

投资不可以任性，政策支持有自信，看对趋势就紧跟，一路紧跟不要命。
投资如果太任性，时间一长会生病，忧虑心烦血压高，不能要钱不要命。
投资不能太任性，赚钱之后很高兴，多次任性把钱输，输钱之后不高兴。
多数股民很任性，自以为是太自信，时间一长会发现，这样投资会短命。

笔者讲得好不好，仅供读者去参考，笔者万一讲对了，请您学会用到老。
笔者万一说得对，请您快快要学会，笔者万一讲错了，读者千万别计较。

全国读者热线：181 6800 0001（微信：亮剑）